Christoph Kuhn
Zeit und Stadt

Christoph Kuhn

Zeit und Stadt

Französische Versuche

Limmat Verlag
Zürich

Für Marlis und in Erinnerung an N. M.

Umschlagbild von Wilfried Moser: Métro Pigalle, 1946

© 1994 by Limmat Verlag, Zürich
ISBN 3 85791 229 4

Inhalt

Vorbemerkung 7

Zwischen Drinnen und Draussen –
  eine Verwischung 9

Illiers-Combray, eine Beschwörung 25

Mit Zola von Montmartre nach Afrika 39

Zeit und Stadt 53

Dichten und scheitern –
  oder ich ist ein anderer 63

Über die zwei Geschwindigkeiten samt einer
  mexikanischen Coda 75

«Ohhh», lachte sie und er keuchte «aaai» ... 87

Wie Jean-Christophe Colombani das Elysée
  erobert – ein Modell 109

Der Mann mit dem immergleichen Buch ... 119

Wasserlauf, Wasserfarbe und das Meer –
  ein Ausflug 131

Vorbemerkung

Entstanden sind diese Versuche in Paris und fern von Paris, in Sehnsucht nach Paris. Gemeinsam ist ihnen eine französische Perspektive. Damit meine ich eine spezielle Art, Dinge zu sehen, über Dinge nachzudenken. Diese Art – eine Methode würde ich's nicht nennen – ist verschiedenen älteren französischen Autoren und mehr noch der französischen «pensée» nachempfunden. Dabei geht es mir mehr um Spiel und Spleen als um Wissenschaft: Bereiche, in denen man durchaus mittels Empfindungen Gedanken jagen und stellen kann.

Um Gegenstände der Literatur und des Lebens war mir zu tun, die sich in bestimmten Momenten der Schreiblust und der Erinnerung nicht mehr unterscheiden.

Die Zeit, die hier gemeint ist, lässt sich nicht in Tage einteilen und die Stadt, der meine Texte ihre Existenz verdanken, ist nicht deckungsgleich mit dem geographisch situierten Paris, auch wenn zwischen realer und imaginierter Metropole ein dichtes Beziehungsnetz besteht.

Geläufig ist mir, seit Jugendzeiten, der unendlich variierte Grossstadttraum. Die Stadt, die dieser Traum heraufbeschwört, ändert sich von Nacht zu Nacht, aber sie verfügt über ein paar Charakteristika – Kreuzungen, Strassenfluchten, Aussen- und Innenräume, Hügel, Flussläufe, Kellergeschosse und Balkone. In Träumen spiegeln sich ältere Träume. Die Stadt als Schauplatz solcher bewusst-unbewusster Verschiebungen und Durchdringungen hat mit der in meinen Texten beschriebenen und bedachten zu tun.

Ein mehrjähriger Aufenthalt in Paris – das bedeutet Freiheit in nie gekanntem Ausmass. Bewegungsfreiheit, die mit der Anonymität zusammenhängt, die einem nur die Grossstadt in dieser Form gewähren kann. Dieses Freiheitsgefühl hat es mir ermöglicht, geschriebene wie ungeschriebene Gesetze, die für den Essay gewiss bestehen, gröblichst und mit Überzeugung zu missachten. Es bereitete mir beim Niederschreiben dieser Texte ausserordentliches Vergnügen, Kraut und Rüben zu mischen. Ich kann nur hoffen, dass sich dieses Vergnügen mitteilt.

Zwischen Drinnen und Draussen – eine Verwischung

«Die Pariser machen die Strasse zum Interieur»
Walter Benjamin

«Es ist so schön, dass man in Paris selbst förmlich über Land gehen kann.»

Karl Gutzkow, gefunden bei demselben Benjamin

D. wohnt im Quartier Latin. An heissen Tagen, wenn die Luft schwer in den Dächern hängt, die Kehle austrocknet, den Asphalt aufweicht und die Schritte darauf in ein Schleppen verwandelt, zieht sie ihr Bikini an und legt sich auf ein Badetuch auf ihre Terrasse. Ist ihr nach Natur zumute, ruht sie sich unter ihren Bäumen aus. Überkommt sie eine bukolische Stimmung, begibt sie sich auf einen ausgedehnten Spaziergang von ungefähr einer Stunde Dauer, der sie an murmelnden Bächen vorbei auf einen Bauernhof und in den Wald führt. Haremsträumen überlässt sie sich auf gelben Kissen unter einem goldenen Zeltdach, Pfefferminztee trinkend, eingehüllt in die Düfte orientalischer Parfumessenzen. Tagsüber sitzt sie oft im Arbeitszimmer, übersetzt und schreibt auf dem Computer, schlägt in dickleibigen Büchern nach, was sie nicht weiss. Wenn abends Besuch kommt, stehen Kerzen auf dem Tisch und es wird aus der Küche mehrgängig aufgetragen.

D. wohnt im Quartier Latin in einer Einzimmerwohnung ohne Dusche, nur mit einer Kochplatte ausgerüstet, und das Klo befindet sich im Treppenhaus. Das Wohnraumangebot im Pariser Quartier Latin ist naturgemäss sehr beschränkt; die meisten Wohnungen sind eng und, wenn alt, in desolatem Zustand. Wer vor vielen Jahren gemietet hat, wird alles tun, um nie mehr auszuziehen. So lässt sich von den bisher gültigen Mietgesetzen profitieren, die es dem Vermieter verunmöglichen, nach Gutdünken Wucherzinse zu verlangen und auch darüber hinaus dem Mieter relativ guten Schutz gewähren. Dass der Vermieter jede Investition in seinem Haus scheut wie der Teufel das Weihwasser und infolgedessen Treppenhäuser zerfallen, Zimmerdecken wie Spinnennetze aussehen, nicht isolierte elektrische Kabel, angeknackte Gasleitungen Leib und Gut der Bewohner gefährden, gehört zu den in Kauf zu nehmenden Selbstverständlichkeiten. Die Franzosen sind gelehrige und begeisterte bricoleurs, und wer's nicht selber schafft, bemüht einen der zahlreichen «minute»-Quartierdienste, Spengler, Schlosser, Heizungsmonteure, Elektriker, die sich im Nu einstellen, alles leicht Beschädigte vollends zerstören, auf Barzahlung drängen, um dann unter schwungvollen Beileidsbezeugungen abzuziehen.

In kleine Wohnungen werden Trennwände eingezogen, Duschen eingebaut, in hohe Räume Podeste oder Galerien montiert, Schlafkojen, über Leitern zu erreichen. Aus düsteren Zimmerschluchten werden Liebeswiesen, Wohnlandschaften, Tempel der Wissenschaft, Küchen, Gärten.

D. nimmt ihre Sonnenbäder, zusammengerollt wie eine Katze, auf dem ausladenden Fensterbrett über den Dächern von Paris, pflegt ihre üppig wuchernden exotischen Bäume, die gut und gern ein

Viertel des zur Verfügung stehenden Raums besetzen, legt, um auf andere Gedanken zu kommen, ein Band mit Musik und Naturgeräuschen in die Kassette, besitzt ein Sofa, das sich zum Bett ausziehen lässt. Ein Stück Tuch trennt diese Ecke des Raums ab, macht sie zur Oase. Der Arbeitstisch wird morgens, mittags und abends zum Esstisch. Ein Paravent trennt den Ess-Arbeits-Wohn-Schlafraum vom Küchen-Bad-Raum, der aus einem Lavabo und einem Rechaud besteht.

Eine phantastische Welt auf vielleicht 40 Quadratmetern Fläche. Die Grossstädterin holt sich den Aussenraum in den Innenraum hinein. In der unermesslichen Steinwüste, aus der es für alle jene, die zu viel arbeiten müssen, um notorisch zu wenig zu verdienen, oft wochenlang kein Entkommen gibt, erhalten die individuellen Zufluchtsorte einen gesteigerten Wert. D. hat Kraft und Macht der Phantasie darauf verwendet, aus dem Zufluchtsort eine «Insel der Seligen» zu machen. Engster Raum, Käfig und Hölle, verwandeln sich durch ein paar Tricks in ein Theater, in dem Vielspartenbetrieb herrscht. Und ist die Inszenierung auch eine in hohem Grad künstliche, vermag sie doch die ganz natürlichen Bedürfnisse nach Abwechslung, nach Szenen- und Tapetenwechsel einigermassen zu befriedigen. Das beengendste Interieur öffnet sich nach aussen, holt Raum und Zeit, die hier sistiert scheinen, herein.

Die grosse Stadt, aus der kein Entkommen ist, in die man sich, kaum ist man ihr doch entronnen, gleich zurücksehnt, die grosse Stadt, die einen noch eben durchgewalkt, geknetet hat in ihren Strassen, durchschossen mit Lärm, Aufregungen, Emotionen, sie vermag, oben unter dem Dach, im abgeschotteten

Interieur auch das: ihr steinernes Gesicht auszulöschen, Badestrand, Palmenhain und Beduinenzelt hervorzuzaubern aus ihren Innereien. Das Interieur als Samenkapsel, die hinter dicker Schale alles enthält, was dereinst Blüten treiben wird. Eingeschlossen im Interieur die Sehnsüchte, die die Stadt ständig produziert und nährt. Reizüberflutung, immenses Waren-, süchtig machendes Ideenangebot halten die Sinne in Vibration – nur die Müdigkeit bringt Abstumpfung, die sich hinterher erst noch als notwendige Regeneration erweist – und erzeugen gleichzeitig jenes nagende Mangelgefühl, das einen jederzeit anfallen kann, um ebenso schnell wieder zu verschwinden.

Hinter meiner geschlossenen Tür befinde ich mich ausserhalb des Einflussbereichs der Stadt und grenze mich ab. Und doch habe ich alles, was sie mir offeriert und alles was mir in ihr fehlt, mitgenommen in meine Nussschale: als Genuss und Wunsch, als Sehnsucht und Mangelgefühl. Hier und jetzt, im Zimmer, will ich «über Land gehen» können, will einen Bach murmeln hören. Je aussichtsloser die Erfüllung derartiger Wünsche, umso tatkräftiger die Phantasie, die sich daran macht, zu inszenieren, zu simulieren und zu Ersatzbefriedigungen verhilft. Ein weitab liegendes Exterieur dringt ins Interieur ein, um für Augenblicke und Stunden jenes bedrängende, nahe Exterieur aus dem Bewusstsein zu verdrängen, das sich mächtig manifestiert, sobald ich das Fenster öffne.

Dem Flaneur bietet Paris auch im öffentlichen Raum täglich unzählige Möglichkeiten, Oasen, Inseln der Seligen, expandierende, ganze Welten spiegelnde Interieurs zu betreten und zu erkunden. Museen und Paläste und Bibliotheken und Kirchen natürlich, in denen sich die Schauobjekte, deretwegen man gekommen ist, mit uralten Böden, Mauerrissen, abgeblätterter Farbe, Holz- und Modergeruch zusammen zu einem vielschichtigen Geschichtseindruck fügen und vertiefen: im Innenraum, sitzend, stillstehend, innehaltend schaut man plötzlich zahlreichen Zeitgeistern ins Angesicht, durch einen Bilderrahmen, eine Mauer, einen Sessel hindurch.

Geheimnisvoller und um vieles aufregender sind die zufälligen Entdeckungen: das ganz in dunkles Holz geschlagene Kabinett eines Allgemeinpraktikers, der mir mit modern-normalen Geräten Blut abzapft, gütig lächelnd und leicht amüsiert meinem verstörten Blick folgend, der sich im hohen Raum mit geschnitzter Holzgalerie zurechtzufinden trachtet, während im Hirn Filme ablaufen, mittelalterlich faustischer oder mabusischer Gruselkabinett-Art. Da hat sich ein im noblen 7ème hausender Mediziner aus seiner Zeit herauskatapultiert, aus der Praxis eine Studierstube gemacht. Das hölzerne Kabinett bildet ab, was mir der Blutabzapfer bereitwillig erklärt: grundsätzliche Kritik am Zustand der Medizin in Frankreich, die sich, wie überall, Richtung totale Technokratie entwickelt.

In der Nähe der Métrostation Goncourt, einem kleinräumigen und sehr geschäftigen Quartier der fliegenden und sesshaften Händler aus allen Ländern, der Kleingewerbler und einfachen Vergnügungsstätten, das dem Namen der beiden Romanciers und Chronisten alle Ehre macht, bin ich eines Nachmittags über grosse, unregelmässig verlegte Steine eines Hinterhofs zu einer angelehnten Türe vorgestossen. Der, den ich suchte, war hier nicht zu finden, aber die Türe, die ich ein bisschen aufschob, um mich umzuschauen, erwies sich als eine Art von «Sesam öffne dich»; unbekannte Mächte hatten mich in 1001 Nacht versetzt, ich schaute in ein orientalisches Interieur gewaltigen Ausmasses. Sorgfältig gestapelt, unachtsam gehäuft, neben- und durcheinander lagen da die schönsten marokkanischen Teppiche, gehämmerte Zinntische, bestickte Kissen, Kleider, Tücher, vergoldete Kerzenständer in allen Grössen, Wasserpfeifen, Schwerter und Messer bündelweise, Tische voll Schmuck. Das Aroma orientalischer Gewürze hing in der Luft, ein lächelnder Inder sass an einem Pult und schien in Briefe oder Rechnungen vertieft, ein stummer Maghrebiner ordnete die Haufen.

Mitten im Gewimmel, im alltäglichen Betrieb eine fremde Schatzkammer. Ich verliess sie so geräuschlos wie ich sie betreten hatte, wurde nicht gesehen und bin seither um ein Pariser Interieur-Bild reicher.

Die Verwischung und Vermischung der Sphären, das Drinnen das hinaus, das Draussen das hinein drängt, finden in Paris ständig statt. Ich habe hier auch oft jenes Zeichen gefunden, das sich mir seit meinen ersten Reisen in allen Ländern und Städten – vor allem in den tropischen – eingeprägt hat; mein Zeichen für den Übergang von draussen und drinnen, stets verbunden mit einem Augenblick der Spannung oder Einsicht oder beidem zugleich – wenn ich es richtig gesehen habe und seiner bewusst geworden bin. Für mich besteht dieses Zeichen aus einem Rhombenmuster, weiss oder crèmefarben, geflochten oder gezimmert, durchbrochen, durchschossen, so, dass man hindurchsieht – undeutlich. Diese Wand oder dieser bewegliche Paravent trennen eine Restaurantterrasse von der Strasse, eine Veranda von einem Wohnzimmer, unterteilen einen

Patio, verwandeln das Innere eines Lokals in Séparés. Meist ist es die Trennung zwischen Aussen- und Innenraum, die durch die rhombisch gemusterte Wand sowohl etabliert wie verwischt wird. Ich schaue sie an und versuche schon, durch sie hindurchzuschauen, bin drinnen und draussen, geschützter Voyeur, der sich seines Voyeurismus nicht zu schämen braucht, hat doch der Wand-Errichter in einer Form von unausgesprochener Komplizenschaft mit seinen Gästen bedacht, dass beides möglich ist, vor wie hinter seinen Rhomben: das Beobachten und das Beobachtetwerden.

«Die Pariser», schreibt Walter Benjamin, «machen die Strasse zum Interieur». Er denkt da nicht nur an die Passagen, die tatsächlich das sinnfälligste Zeichen für den Übergang zwischen Innen und Aussen liefern und die Verwischung der Sphären oft mittels einer raffinierten Beleuchtung bewerkstelligen. Benjamin bringt in einem Satz beides zusammen: die Verinnerlichungs- und die Veräusserlichungstendenz der Stadt: «Denn so wie die flanerie Paris durchaus in ein Interieur zu wandeln vermag, eine Wohnung, deren Gemächer die Quartiere sind, und in der sie nicht wieder deutlich durch Schwellen geschieden sind als eigentliche Zimmer, so kann auch wiederum die Stadt vor dem Spaziergänger schwellenlos wie eine Landschaft in der Runde sich auftun.»

Niemand weiss Strassen, Plätze, Parks so elegant, so leichthin und vorübergehend zu bewohnen wie die Pariserinnen und die Pariser in den wärmeren Zeiten des Jahres. Die Bistrowirte möblieren jedes verfügbare Stück Trottoir, in Parks und Squares wird geliebt, studiert und gespielt, allenthalben und allerorts finden déjeuners sur l'herbe statt, wobei das Gras auch durch den Asphalt eines breiten Boulevards ersetzt werden kann.

Einmal hat mich jemand spät nachts zu einer Floristin mitgenommen, einer kräftigen Person mit eiserner Gesundheit und minimalem Schlafbedürfnis. Wie andere Schmetterlinge jagen, sammelt sie Nachtschwärmer ein, hält für jeden, der will, bis zwei oder drei Uhr morgens Bier, Wein, Früchte, Gebäck bereit, hört sich behaglich all die irren Erzählungen an, die ihr zur Ladentür hineingeflogen kommen, zieht Geschichten und Geschichtenerzähler förmlich an, auch Besoffene natürlich oder Kleinkriminelle manchmal. Die Geschichten diskutiert sie regelmässig ein, zwei Mal in der Woche mit einer Freundin beim Austernessen: der Gehalt wird sorgfältig evaluiert und abgewogen, Dichtung und Wahrheit nach Möglichkeiten unterschieden, wobei doppelte weibliche Lebenserfahrung, Menschenkenntnis und List zu fast unfehlbaren Instrumenten der Wahrheitsfindung werden.

Sie kommen und gehen, die bleichgesichtigen Schwärmerinnen und Schwärmer, niemand wird aufgespiesst. Eine bekümmerte Schlossbesitzerin, eine unverwüstliche Amerikanerin, Serge Gainsbourgs letzte Freundin, eine wunderschöne Depressive habe ich bei der Floristin flüchtig kennengelernt, dazu ein paar Stammgäste von der Strasse. Sie verstand es, die Richtigen miteinander ins Gespräch zu bringen, verhielt sich neutral – und liess sich nachher von einem der Involvierten alles erzählen. Blumen, Pflanzen sind ihre Lockmittel – man hat ja keine Ahnung, für wieviele Bewohner dieser Stadt ein Blumenkauf nachts um zwei die Rettung vor dem Untergang bedeutet. Für die Floristin jedenfalls ist der Laden ein anstrengender und teurer Vorwand, um intensiv zu leben in Paris. Wie bei niemandem sonst und sicher wegen der besonderen Nachtzeit habe ich bei ihr die Verwischung von drinnen und draussen auf ganz natürliche und lustvolle Art erlebt. Die Düfte der Rosen, Lilien, Nelken, Gardenien, des Jasmins, der Orangenblüten zogen einen hinein in den Laden. Zusammen mit den sich ständig verändernden, mäandernden Erzählungen, die aus lauter unzusammenhängenden Fragmenten bestehen konnten, wurde man nach einiger Zeit ausgelagert, fand sich, auf einem Stühlchen sitzend, unter den Lichtern des nächtlichen Paris zwischen der Sorbonne und der grossen Moschee, Geschichten zuhörend, Geschichten erzählend, selber schon Teil von Geschichten, eingetaucht in jene unkonzentrierte, vagierende und oszillierende Stimmung zwischen Wachen und Träumen.

Bei ihr, bei der Pariser Floristin nachts um zwei, gab es nicht mehr Innen und Aussen, gab es kaum noch Trennung zwischen Geist und Körper, gab es nur noch, was Milan Kundera «die unerträgliche Leichtigkeit des Seins» nennt.

Wenn es einen Ort gibt, in Paris, den ich über alles und über Jahrzehnte hinweg liebe, dann die Métro. Für mich ist sie tatsächlich ein Ort; streng strukturierte, auch für den Analphabeten sofort lesbare Stadt unter der Stadt. Ein von Station zu Station immer wiederkehrender Ort, Ort und gleichzeitig Ubiquität, Ort und Vervielfachung desselben Ortes. Die Métro definiert sich über den Geruch, dann über Geräusche. Wenn ich in die Unterwelt steige oder fahre, das Klima ändert und mir jener warme, süssliche, fette, mit Schweiss, Russ, Moder, Pisse, Javel, Verwesung, Sex und Kohle versetzte Geruch entgegenschwappt, wenn ich auf der Zunge etwas Metallisches schmecke, wähne ich mich zuhause. Das Nachhallen der eigenen und fremden Schritte, das von einer Echoaura umgebene Wispern, Husten, Kichern und Flüstern der Wartenden, die Tiraden der im Gewölbe beheimateten Clochards – das alles hat sich trotz neuem Design der Züge wie des Mobiliars der Haltestellen über Jahrzehnte hinweg nicht verändert. Die Métro: Ding, Bild und Sinnbild in einem, eine Allegorie ihrer selbst. Da fährt sie ein, kündet sich stets mit den genau gleichen Vorwarngeräuschen an, ich steige zu, und sie schliesst mich mit dem stets genau gleichen Zuschnappen der Türen ein. Sie fährt an, beschleunigt, und ich weiss, nach wieviel Minuten und Sekunden die nächste Station erreicht ist.

Der blaue Zug, Sinnbild der linearen, sich beschleunigenden Zeit. Sinnbild eines gleichgültigen Schicksals, das einen entwurzelt, einschliesst, mit anderen gleichgültigen Schicksalen zusammenwirft, verfrachtet und irgendwo wieder ausspuckt. Die Zeitgesetze der Métro sind nicht diejenigen der Oberstadt. Man rechnet anders, steigt man in die Unterwelt hinab, verschreibt sich dem Reglement von Fahrplan, Schiene und Geschwindigkeit. Eingeschlossen im Schicksalswagen ergibt man sich schauend, sinnend, lesend der Existenz, dem Nichts, und verpasst womöglich den Zielort oder wird von einer erbärmlichen Tom Waits-Imitation, einem bettelnden Obdachlosen aus solchen luxuriösen Träumereien gerissen.

Zeitreise im fahrbaren Interieur, dem trotz Streiks, Messer- und Maulheldentum liebenswürdigsten und zuverlässigsten Interieur von Paris. Wiederum fahren die Zeitgeister mit, zeigen sich in den Buchstaben der Stationsnamen, führen einen minutenschnell vom

Mittelalter in die Neuzeit, von den Palästen zu den Hütten, von den Kriegern und Architekten zu den Opfern, nach Amerika, nach Russland, zu Religion, Philosophie, Kunst und Wissenschaft.

Von Station zu Station bewegt sich die Métro an Traum- und Wahn-, an Wunsch- und Schreckwelten vorbei. Die werden in Form von Plakaten laufend geklebt, bemalt, verändert und überklebt. Ducken sich, um ihren Botschaften Gewicht zu verleihen, überlebensgross in Goldrahmenimitationen hinein. Neulich steig ich an einer grad in Verwilderung übergehenden Station aus, «Kléber» muss es gewesen sein, der Name dient als Assoziation und ist mir deshalb in Erinnerung geblieben. Eine Renovation ist im Gange, Wände und auch das Innere der Goldrahmen sind abgeschabt worden. Und plötzlich finde ich mich ins Paris der Sechzigerjahre zurückversetzt. Unter den aktuellen Plakaten sind alte herausgekratzt worden, Theaterzettel mit den Namen längst verblichener Stars, jugendlichen Liebhabern, die ins Altenfach wechseln mussten, vergessenen Variété-Künstlern. Auf Zahnpastareklamen entblössen Mädchen mit Rossschwanzfrisur ihre tadellosen Zahnreihen und die Matronen der Reinigungsmittelreklamen verkörpern mit aller Deutlichkeit den Mief, den sie wegputzen wollen. Treuherzig und unaggressiv wird da für Produkte geworben, die es nicht mehr gibt; die Zeit hat sich einen mutwilligen Purzelbaum nach hinten erlaubt, im Métrogewölbe wurden dreissig Jahre konserviert und die Bahn lässt sich nicht beirren, macht Zeitsprünge, hängt die alten an die neuen Bilder an.

Pfeilschnell durchmessene Räume, Zeitreisen von Ort zu Ort, Orte, die sich gleichen können wie ein

Ei dem andern, und Ubiquität signalisieren. In der Métro-Unterwelt nimmt das Interieur die Gestalt des Labyrinths an, eines Labyrinths freilich, dem die Dimension des Schreckens fehlt. Man findet, wenn man nur will, jederzeit aus ihm heraus. Und hütet es auch seine Geheimnisse, lässt es sich nicht Stück für Stück erforschen, erwandern wie das Labyrinth der Oberstadt, so setzt es dafür dem Chaos oben eine Methodik, ein Zeichensystem entgegen, das zu entziffern ist, leichter als das Alphabet.

Mein chinesisch-vietnamesisches Stammrestaurant in der Nähe der Unesco ist von vielen hundert über die Stadt verteilten derartigen Etablissements kaum zu unterscheiden, obwohl natürlich jener bewusste, nicht auf die Nahrungseinnahme beschränkte Aufenthalt in einem der entsprechenden Lokale Unterschiede und nichts als Unterschiede zum nächstgelegenen produzieren würde. Es ist aber doch das Wiedererkennbare, das Gewohnte im Exotischen, das sich schliesslich einprägt und festigt im Hirn: der fleckige rote Spannteppich aus dubiosem Material, die eng zusammengerückten Tische mit den saugfähigen weissen Papierunterlagen drauf, die dunkel gebeizten Sessel mit den verschlissenen roten Polstern, die von Rauch und dreckiger Luft eingedunkelten Tapeten aus Seide oder Kunststoff, Chinoiserien, wohin das Auge fällt, ein ockerfarbiges Reliefbild an der Wand, Mondgesichter in einem Boot, das ans Narrenschiff des christlichen Mittelalters erinnert, hinten im Raum eine schmale Theke, auf der ein Teller mit Mangos steht, deren Reifegrad dem eingeweihten Gast sofort anzeigt, ob es ratsam oder nicht ratsam wäre, die Frucht zum Dessert zu bestellen.

Während ich, einziger Gast zu früher Abendstunde, von der schönen Tochter des Hauses mit dem üblichen Händedruck und dem üblichen sphinxhaften Lächeln, das sämtlichen Stammgästen in genau gleicher Dosierung verabreicht wird, begrüsst und an meinen etwas abgesonderten Tisch am Fenster geführt, in elegantestem Französisch nach meinem Befinden und nach einem Aperitifwunsch gefragt werde, wobei ich, wie immer, ersteres positiv und letzteres negativ beantworte, während ich nun auf das obligatorische Einsetzen des eigentümlichen Muzack-Endlosbandes warte, das mir in einer Schlaufe, die sich nach ungefähr einer halben Stunde wiederholt, einen gepiepsten, mit Sirup und Elektronik angerichteten Amischlagerverschnitt, chinesisch gewürzt, serviert, die immer gleiche, üppige Speisekarte studiere, einen Blick durchs Anrichtefenster in die winzige Küche zu erhaschen suche, in der Vater und Mutter des Hongkonger Familienunternehmens hantieren, auf eine Speisenfolge warte, die, trotz dominanten Einheitsaromas, immer wunderbar schmeckt, überkommt mich regelmässig grossstädtisches Wohlgefühl. Da sitze ich, drinnen so gut wie draussen, in vollständiger Anonymität, was grenzenlose Freiheit bedeutet, für eine Stunde festgehalten auf einer fremden Insel. Potenziertes Ausgesetztsein, die Anonymität in der städtischen Unendlichkeit und die Fremdheit des Interieurs, erscheinen kompensiert im strengen Ritual, das hier herrscht, einer Summe von Gewohnheiten, alle berechen- und voraussehbar, die mir, der mir doch alles Gewohnheitsmässige zuwider und langweilig ist, für einmal entgegenkommen. Durch die Lamellenstoren schaue ich auf den Boulevard, lasse den Verkehr auf den holprigen Pflastersteinen anbranden und wegrauschen, nehme die Métrozüge wahr, die hier als Stadtbahnen über die Köpfe der Passanten hinwegdonnern.

Das China-Restaurant als Relaisstation. Der Umweg über das Fremdeste lenkt das Bewusstsein zum Wesen und ins Wesentliche der Stadt, die ich in ihrem Sein blitzartig zu erkennen glaube. Ein Anfall von Cäsarenwahn, ganz ohne Rausch oder Drogen zustandegekommen, ebenso harmlos wie genussvoll, einem chinesischen Interieur zu verdanken, das sich, mit eisernem Willen, kulturell und ökonomisch zu behaupten weiss in ständig sich verändernder Umwelt.

Das Interieur im Interieur, das mir ein schon fast metaphysisches Grauen verursacht hat, traf ich auf einer bretonischen Halbinsel, in Quiberon, an. Da sass ich in einem Fischrestaurant und schaute in einen langen Glasbehälter. Im reinen, sprudelnden Wasser krochen und schwebten handtellergrosse braune Krabben übereinander, öffneten und schlossen ihre mörderischen Zangenpaare, krabbelten schwerfällig den glatten Wänden entlang nach oben, zeigten manchmal ihre verletzliche weisse Unterseite und fielen zurück, hilflos, obszön. Sinnlose Anstrengungen, wirre Bewegungen. Die Krabben standen auch auf der Speisekarte. Und ich konnte nicht anders, als die gleichgültige Hand des Kochs zu antizipieren, der heute oder morgen eine Krabbe herausfischen würde, um sie in kochendes Wasser zu werfen. Diese imaginierte, greifende, krabbenähnliche Hand verursachte das Grauen. Das Interieur, das Schutz gewährte und doch einem Gefängnis gleicht, das D. im Quartier Latin aufzulösen weiss, das von der Métro in ein Labyrinth und in Ubiquität verwandelt wird, das die Chinesen zum Bollwerk kulturell-kulinarischer Autonomie machen – hier im Fischrestaurant von Quiberon erschien es mir in höchst bedrohlicher Art relativiert. Ein paar Sekunden lang war ich wie gelähmt, und meine Gedanken kreisten zwanghaft um eine riesige Kochmütze, eine menschengrosse Hand, die mich gleich oder übermorgen packen würde, mit vollendeter Gleichgültigkeit, um mich in irgendeine lebensfeindliche Flüssigkeit zu werfen. Es blieb bei einer kurzen Anwandlung. Vernunft und jahrzehntelang antrainierter, höheren und tieferen Wesen abgeneigter Unglaube halfen, die Chimäre aus dem Kopf zu verbannen. Die hässlichen Krabben krochen, schwebten und zappelten in ihrem schmalen Interieur. Sie schmecken gut, besonders in der Bouillabaisse. Kenner unterlassen es nie, die Zangen aufzubrechen und auszusaugen.

Illiers-Combray, eine Beschwörung

Magie der Wörter: ich erlebe sie in der Literatur bei Marcel Proust. Gelingt es mir, mich für eine Weile so zu konzentrieren, dass ich untertauche in seiner Prosa, die langen, melodiösen, mit Bildern schwer beladenen Sätze wie Wellen über mir zusammenschlagen, bin ich in einem Grad verführt und gleichzeitig in einer Illusion gefangen, dass mir nur noch das Übernatürliche, warum nicht «Magische»?, als Erklärung genügt. Der besondere Umstand, dass mich dieses kunstvollste aller Kunstidiome in einer fremden Sprache erreicht, die mir immer ein paar Rätsel übrig lassen wird, mag den Magie-Effekt noch erhöhen. Proust lehrt mich, was er alle lehrt, die sich auf ihn einlassen: die Erkenntnis des Wirkens der Zeit, was in der tiefsten und unheimlichsten – «magischsten» – Gedankenbohrung auf die Erkenntnis des Todes hinausläuft. In einem amüsanten Roman der beiden Italiener Fruttero & Lucentini (die beiden müssen ihren Proust gelesen haben) stosse ich auf folgende Stelle: «Mr. Silvera wendet ein, ‹il tempo› (‹the weather›, übersetzt er, nicht ‹the time›) ‹è immateriale›. ‹Sie meinen irrelevant?›, verbessert ihn seine Gefährtin.» Er meint, vielleicht ohne es zu wissen, «Zeit», nicht «Wetter», und er meint nicht «irrelevant», sondern «immateriale», wie «seine Gefährtin» später herausfindet, dann, wenn ihr ein Licht aufgeht, was sie – salopp, nachproustisch – so beschreibt: «Es war, als hätte das Wort ‹Zeit› in meinem verdunkelten Gehirn den Hauptschalter für das Licht angeknipst.» Diese Gehirnerleuchtung bringt ihr leider nur ein schales Gefühl ein, muss sie sich doch der unangenehmen Wahrheit beugen, dass ihr geheimnisvoller Geliebter niemand anderes als Ahasver, «der ewige Jude», ist, dem die Zeit tatsächlich wie niemandem sonst «immateriale» vorkommen wird.

Den kleinen Umweg über Fruttero & Lucentini bitte ich zu verzeihen. Er bringt mich schnell zu Proust zurück, für den die Zeit das Materiellste war, was es geben konnte. In einer zufälligen Lektüre auf dieses «immateriale» in Zusammenhang mit dem Begriff «Zeit» stossend (und von den Autoren förmlich in Richtung Proust «gestossen»), wird mir blitzartig bewusst, wie sinnlich, wie plastisch, wie gemacht und deshalb greifbar die Zeit, der Marcel Prousts Sinnen und Trachten galt, in seinem Werk erscheint. Wörter, Eigennamen in erster Linie, knipsen in des Dichters «verdunkeltem Hirn» die Lichtschalter an. Aber «Zeit» ist nicht der Schlüssel, sondern das Ziel der Erkenntnis. Die Schlüssel – der Geschmack der in den Lindenblütentee getauchten Madeleine, ungleich hohe Pflastersteine, über die man vor dem Stadtpalast der Guermantes stolpert, Namen alter Adelsgeschlechter, die Textur einer an den Mund geführten Serviette – öffnen die Räume der verloren geglaubten Erinnerung. Zeit-Räume, Augenblicke, Ereignisse, Gedanken und Passionen der Kategorie oder Dimension «Zeit», die sich als Bilder, Körper, Farben der Kategorie oder Dimension «Raum» zeigen und fassen lassen. Für meinen Lehrer Georges Poulet bleibt dieser Umschlag von Zeit in Raum das Zentrale an Prousts Stil. Er sieht im Vorgang, wie er in seiner Studie schreibt, eines der «Prinzipien seiner

Kunst» und verweist auf den «ästhetischen Raum ..., wo Augenblicke und Orte, indem sie sich ordnen, das Kunstwerk bilden, ein bedenkenswertes und bewundernswürdiges Ganzes.»

Magische Erlebnisse wollen, auch im nachhinein, beschworen sein. Augenblicke und Orte gilt es demnach zu bannen, wenn ich mich auf die Suche nach dem nie endgültig gefundenen, immer aufs neue verlorenen Proust begebe, Mal für Mal seinem Zauber verfalle. Die Reise beginnt in der «Recherche» und mündet dort wieder ein, in der Fiktion. Sie führt an Stationen vorbei, die den Doppelblick erfordern, den fiktionalen, in die Literatur getauchten, von ihr genährten, den Blick in die und aus der Erinnerung; gleichzeitig sollen Blick und Bewusstsein Nichtfiktionales, Gegenwärtiges wahrnehmen, Augenblicke, Orte in der Jetztzeit. Ich fahre nach Illiers-Combray, spaziere durch Prousts Paris, verweile vor seinen Wohnadressen, Boulevard Haussmann 102, Rue Hamelin 44, schaue an der Fassade des Ritz-Hotels hinauf in den Himmel, aus dem, wie ich vom Erzähler der «Recherche» weiss, in einer Nacht während des Ersten Weltkriegs deutsche Bomber Feuer spien, nehme die Avenue Foch, um in den Bois de Boulogne zu gelangen, wo nachts nicht einmal mehr die schönen brasilianischen Transvestiten, später Abglanz der Proustschen Herzoginnen, ihre Reize ausstellen dürfen und finde mich schliesslich im Musée Carnavalet ein, um einen mumifizierten Raum in meiner Phantasie zum Leben zu erwecken – Prousts Zimmer.

Seit der Gemeinderat von Illiers 1971 der glücklichen Idee seines Bürgermeisters zu folgen beschloss und der tradierten Ortsbezeichnung mit einem Bindestrich den Namen Combray anhängte, ist das kleine Stückchen Welt endgültig, für alle nachvollziehbar, in jene geheimnisvolle und mythische Atmosphäre zwischen Realität und Fiktion getaucht, die einem, wenn man sie einatmet, Sicherheiten raubt, das Zeitgefüge, in dem man zu ruhen glaubt, vorübergehend aufhebt, um der Phantasie Raum zu schaffen. Will ich Zeit gewinnen, muss ich zuerst lernen, Zeit zu verlieren. Will ich Prousts Zeit in ihren literarischen, biographischen, geographischen Erscheinungsformen einsaugen und (nach)fühlen, muss ich mich in Illiers-Combray stundenlang verlieren können. Auf den ersten Seiten der «Recherche» zeigt mir der Ich-Erzähler den Weg: «Lange Zeit habe ich mich früh schlafen gelegt», so setzt er ein. Schlafen gelegt in Combray, im Haus seiner Tante Léonie. Unruhiger, vielfach unterbrochener Schlaf stürzt den Willenlosen in die seltsamsten Stimmungen. Er fährt jäh auf, weiss nicht wo, noch wer er ist; sein Instinkt erlaubt ihm in der Sekunde des Erwachens Gegenwart, Vergangenheit, Zukunft zu «lesen», ein erhobener Arm kann die Sonne anhalten, rückwärts laufen lassen, auf «magischem Sessel» reitet er geschwind durch Zeit und Raum; aber Zeit und Raum erscheinen dereguliert, Ordnung, Logik, Chronologie sind abhanden gekommen. Chaos. Das Universum vor der Erschaffung, Steinbruch, Ödland – so nimmt sich die Nacht des unruhigen Schläfers aus, die Combray und danach den ganzen Romanzyklus gebären wird. Die Entdeckung und Restauration der verlorenen Zeit, wir wissen es, bedarf einiger tausend Buchseiten, kann nur auf dem Kunstweg gelingen. Aber hier auf den ersten Seiten des Werks flackert eine andere Möglichkeit auf, an die der Dichter eine Zeitlang geglaubt haben mag: der nächtliche Traum, der Tagtraum auch, die Sekunden zwischen Wachen und Schlafen, die Zustände des geschärften Bewusstseins, das sich mit dem befreiten Unbewussten vermischt, sie vermitteln für ein paar Augenblicke die Illusion, dass sie schon wiedergefunden ist, die verlorene, vergessene Zeit.

Das Haus des väterlichen Teils der Familie Proust, in dem Marcel mit seinen Eltern als Kind seine Ferien zu verbringen pflegte, wird heute von liebenswerten Damen als Museum geführt. Eine strahlende Skeptikerin führt mich durch die Räume, zeigt mir die rekonstruierte Orangerie, den Garten, Küche, Essaal, jenes Zimmer, in dem die arme Tante Léonie auf dem ewigen Krankenbett gelegen ist und jenes andere, in dem der kleine Marcel sich vor Kummer verzehrte, weil ihm Mama den Gutenachtkuss versagt hatte. Meine Führerin, dialektisch geschult, konfrontiert in einem laufenden Kommentar die These der «Recherche» mit der Antithese der Proustschen Biographie, benutzt jede sich bietende Gelegenheit, um Widersprüche aufzudecken, das Manipulative des musealen Arrangierens freundlich zu denunzieren, eine Manipulation, die der von Proust vorgenommenen nicht nachsteht, sie allenfalls noch potenziert. Wenn der Dichter seine suggestiven Combray-Beschreibungen in langwieriger und oft knochenharter technischer Arbeit (ein Handwerk, eine Art von Schweissen der Wörter und Bilder mit dem Bunsenbrenner des kalten Verstands so gut wie des heissen Gefühls) aus zahlreichen, zeitlich wie örtlich verstreuten Versatzstücken zusammensetzt, werden in der kruden Museumsrealität der möglichst authentischen Restitution zuliebe Mobiliar, Ziergerät, Haushaltutensilien mit «Fälschungen» ergänzt. Des Betrachters Doppelblick vermögen derartige verzeihliche Unzulänglichkeiten nicht zu trüben. Der ruht, gelenkt und geschärft von den Erklärungen der Führerin, auf Parkett-, Tonböden, Fenstersimsen, Kommoden, gleitet über Tische, arabische Kacheln, sucht das knarrende und knirschende Eisentürchen im Garten. Ein bescheidenes Haus, enge Räume, eine ärmliche Stadt und ein Blick zum Fenster des Zimmers der bettlägerigen Tante hinaus, der sich gleich an der nahen Fassade des gegenüberliegenden Hauses bricht. Wie gross, wie weit und reich macht des Dichters Erinnerungsarbeit jene Räume, die in Wirklichkeit nichts weiter als Enge und Beschränktheit der Provinz evozieren! In Wirklichkeit? Was ist hier Wirklichkeit? Der Doppelblick, gleichzeitig auf das vermeintliche Bett des unruhigen Schläfers und auf die entsprechenden Beschreibungen der «Recherche» gerichtet, unterbricht für Momente den Lauf der Zeit. Ich bleibe stehen, die Zeit bleibt stehen – und dehnt sich sogleich ins Unermessliche. Es ist Nachmittag in Illiers, aber wenn ich die Augen schliesse, liege ich hier in der Nacht von Combray. An der Weissdornhecke im Pré Catelan, dort wo der Ich-Erzähler mit Herzklopfen Gilberte im Garten Swanns entdeckt, spielen Kinder; lenke ich meine Schritte nach der «Swann-Seite», komme ich via Méréglise-Méséglise in die flache, grüne Landschaft hinaus, schlage ich die entgegengesetzte «Guermantes-Richtung» ein, finde ich mich, einmal das Städtchen hinter mir, in einer romantischen kleinen Flusslandschaft wieder. Dem Bannbezirk entronnen, verliert die Magie des Orts ihre Macht, die Zeit fliesst wieder – und wird spürbar in ihrer entsetzlichen Banalität. Es lässt sich ihr auf der Rückfahrt nach Paris noch einmal ein Zaubermoment abgewinnen. Chartres liegt nach wenigen Kilometern am Weg und eignet sich, besser als die Kirche von Illiers-Combray, für eine Proustsche Meditation. Der Dichter hat die Kathedrale von Chartres wie jene von Evreux, Amiens, wie die Sainte-Chappelle und zahlreiche andere Kirchen als Modell für seine romanisch-gotischen Entzückungen benutzt.

Prousts Haushälterin Céleste Albaret lässt sich in ihren unschätzbaren Erinnerungen vom Dichter erklären, dass sein Werk den von ihm so geliebten und mit skrupulöser Aufmerksamkeit studierten alten französischen Kathedralen gleiche. Wie die Kathedrale sei sein Roman nie fertig. Bedürfe ständig der Ergänzung. Und einmal zu Ende gebaut, müsste am Werk wie an der Kirche im Detail weiter gefeilt und gemeisselt werden. Die Kathedrale als Findling, als Zeugnis der Epochen, ihr emporschiessender Stolz, ihr kaum beherrschter Gigantismus. Das Werk der Erinnerung, wenn es Proustsche Ausmasse annimmt, gleicht einer gothischen Kathedrale. Da wird ein steinerner Damm errichtet gegen die fliessende Zeit. Ein Damm? Stabil, mächtig gegen aussen, lässt sich nichts Fragileres vorstellen als der Innenraum der Kathedrale von Chartres in seiner Durchsichtigkeit. «Ihre Glasfenster», schreibt Proust von der fiktiven Combray-Kirche seines Romans, «schillerten nie so stark als an jenen Tagen, an denen sich die Sonne kaum zeigte, so dass, wenn draussen Grau vorherrschte, in der Kirche mit Sicherheit schönes Wetter war.» Noch einmal, jetzt im Innern der Kathedrale von Chartres, bleibt für mich die Zeit stehen: das diffuse Licht unter bedecktem Himmel draussen scheint und «schillert» durch die berühmten Glasfenster, im Mittelschiff bin ich wie in der Mitte der «Recherche» aufgehoben, schaue nach allen Seiten in die Scheiben, Farben und Motive hinauf: Bilder, die je nach Lichtwechsel fliessen, zerfliessen, explodieren und sich neu zusammensetzen. Wiederum hat sich die Zeit Raum genommen – und den Raum in Bilder aufgeteilt. Paul Nizon, ein «Seher», kein Proust-Adept (aber vielleicht doch ein Wahlverwandter?), schreibt in seinem «Versuch über das Sehen»: «Hatte ich vordem beim Eintritt in eine Kathedrale nichts weiter als diesen verdämmernden Innenraum, diese entrückte und schon fast übersinnliche Stimmungsgewalt empfunden, so wurde ich nun gezwungen, den Innenraum als Gebautes zu erkennen, Mittel- und Seitenschiffe in ihrer gewollten Schlankheit oder Gedrungenheit und wie sie sich zu den Querschiffen, zum Chor und Chorumgang stehen ... ich lernte den Formgedanken nachempfinden ... Ich lernte begreifen, dass die im Kathedralwerk intendierte Auflösung der steinernen Masse, dass das zum Himmel Strebende, Hochfahrende, ja fast schon Flammende solcher Architektur (und damit die ganze Transparenz) Funktion einer streng angewandten Ingenieurleistung war; und ich begann die spezifische Dämmerung und Innenstimmung als Konsequenz einer berechneten Lichtführung und als Effekt der in den Fensterhöhlen eingesetzten Glasmalerei zu erkennen.» Wie die alten Glasmaler komponiert Proust seine Romanscheiben methodisch – und über einen Zeitraum vieler Jahre holt er ein, füllt aus, was von Anfang an als Vision gegenwärtig ist. Mit einer «Konstruktion» pflegte er seine Bücher zu vergleichen, die freilich eine so grosse «Zirkelweite» aufweise, dass die Strenge dieser Konstruktion, der alles unterstellt sei, erst spät zu erkennen sein würde.

Eine Kathedralenkonstruktion, freilich ohne religiösen Zweck: Proust baut seine Sprachmauern nicht über dem Grundriss des christlichen Kreuzes auf. Im «verdämmernden Innenraum» verwandelt sich die gesuchte, erinnerte Zeit in Form und Bild, in Satz und Rhythmus. Sich der betäubenden «Stimmungsgewalt» ausliefern, Magie verspüren, ist das eine, mit offenen Augen und mählich sich schärfendem Bewusstsein die «Zirkelweite» ermessen, zwischen «Combray» und der «Wiedergefundenen Zeit», zwischen dem Schläfer, der in flackrigen Träumen die Schätze der Erinnerung zu heben hofft und dem sich dem Wort «Ende» nähernden Erzähler, der, endlich im Besitz aller Mittel und Einsichten, weiss, was er zu tun hat und nach Abschluss des Unternehmens gewissermassen an den Ausgangspunkt zurückkehrt – das wäre das andere.

Proust hat immer im bürgerlichen und grossbürgerlichen Paris gelebt, als Kind in Auteuil, im 16. Arrondissement, später im 9. Der kleine Marcel spielt in jenen Parkanlagen der Champs-Elysées, in denen der Ich-Erzähler der «Recherche» seine erste grosse Leidenschaft – für Gilberte – literarisch «ausprobiert», erlebt und reflektiert. Der mondäne Marcel lässt sich in die Oper, in die Comédie, in die Salons des Faubourg St.Germain, in den Bois de Boulogne, ins Ritz chauffieren. Fröstelnd, asthmatisch, in seiner Frack-Eleganz schon ein bisschen weltabgeschieden wirkend, sitzt er nach dem Ersten Weltkrieg im Fonds des von Odilon Albaret gesteuerten Automobils, wenn er überhaupt noch das Haus verlässt. Auf den Strassen des Bois, an den Rändern der armseligen, beschnittenen, vergilbten Wäldchen, in den bis vor kurzem mit gebrauchten Präservativen übersäten, jetzt mit Gittern abgeschirmten Lichtungen, in den Seeuferwegen, derer sich schwitzende, schnaufende Joggerinnen und Jogger in ihren papageienfarbenen Kostümierungen bemächtigt haben, treffe ich die in allerkostbarste Stoffe gehüllte Herzogin von Guermantes, die den ihr mit Herzklopfen auflauernden Marcel keines Blickes würdigt – oder hat sie ihn insgeheim doch angeschaut? –, die etwas gar aufgedonnerte Odette Swann und die koketten Kokotten, den fett und fetter werdenden Baron Charlus, der mit übertrieben tiefer Verbeugung einer weiblichen Stütze der Gesellschaft ironische Verachtung erweist, immer seltener an. Die Zeit erweist ihre tödliche Robustheit, vertreibt auch noch Geister und Gespenster, um Raum zu schaffen für neue Epochen und Gesichter. Nachts vielleicht, im Sommer, leicht berauscht von ein paar Gläsern Wein im «Chalet des Iles» sitzend, in das ich mich habe übersetzen lassen, gelingt es für Augenblicke, das An- und Wegrollen von Kutschen am Ufer zu hören, den Schmerz des Ich-Erzählers der «Recherche» mitzuempfinden, der hier im Séparé ein amouröses Abenteuer elegant zu bestehen hofft und in letzter Minute mit einem Entschuldigungsbrief abgespeist wird. In die verschwimmende Zeit mischt sich Erotik und am Ufer wartet die Parodie in Form vorbeistöckelnder Transvestiten, die blutrote Schmollmünder und nackte Silikonbrüste präsentieren, während ihre Zuhälter, auf der Ladefläche parkierter Kleinlastwagen kauernd, Sandwiches essen, Cola trinken, um Geld würfeln. In Haussmanns Paris, in den Parks und Squares, den breiten Avenuen und ruhigeren Verzweigungen, kann der Blick noch jenen Fluchten gestaffelter Fassaden entlangstreifen, die Proust in nächtlicher

Beleuchtung, vom Mond oder dem sparsamen, warmen Gelbschein der Laternen beschienen, wahrgenommen haben mag, als er sich, nach einem Diner oder einem Besuch im Knabenbordell an der Rue de l'Arcade, von einem ehrlichen Dieb hat heimbegleiten lassen, der es sich aus einer respektvollen Laune heraus versagte, das sich so selbstverständlich anbietende Opfer auszurauben.

Komme ich im Musée Carnavalet im behelfsmässig nachgestellten Zimmer Marcel Proust an, befinde ich mich im innersten Bezirk meiner privaten Beschwörung des Dichters. In Illiers-Combray wirkte die Magie durch den Doppelblick, der, vom real-fiktionalen Orstnamen ausgehend, in Illiers Combray und in Combray Illiers abbildete, derart die Proustsche Zeit zuerst zum Stehen brachte, um sie dann unermesslich auszudehnen. Jetzt nehmen meine Augen die hässlichen Korkplatten wahr, mit denen Proust sein meist verdunkeltes Schlaf- und Arbeitszimmer schalldicht zu isolieren versuchte, sich so einen aus der Zeit herausgefallenen Raum schaffend, den kein Lichtwechsel, kein Strassenlärm der Natur und der Stadt verbinden sollte, wandern über ein paar Sitzmöbel, um schliesslich auf jenem einfachen, kleinen Bett mit den Kupferstangen zu Füssen und am Kopfende zu verharren, in dem Proust den weitaus grössten Teil seiner acht letzten Lebensjahre verbracht hat. Liebenswürdiger Tyrann, wahrhaftiger und eingebildeter Kranker zugleich, begann er den Tag am späten Nachmittag mit einer Einräucherung des Zimmers (zur Erleichterung des Asthmaleidens), bevor ihm Céleste Albaret, durch ein Klingelzeichen benachrichtigt, stumm eine Tasse eines ganz bestimmten Kaffees zusammen mit einem croissant auf einem Silbertablettchen servierte. In seinem Zimmer dereguliert Proust jene Zeit, die gelebte, die er in der «Recherche» realisiert und materialisiert. In seinem Zimmer beschliesst er nach Ausbruch des Ersten Weltkriegs, der die Zeit einiger Völker aus den Fugen geraten lässt, die eigens ihm verliehene zu transformieren, bis zur Unkenntlichkeit und Anormalität. Sie soll ihre Gesetzlichkeit verlieren. So macht er die Nacht zum Tag(werk) und den Tag zum Nachtschlaf, organisiert eine möglichst vollständige Stille, die er eifersüchtig hütet und kontrolliert. Dunkelheit, Stille, Nacht – das verheisst Dauer. Die Zeit, an der fieberhaft gearbeitet wird, wenn die Feder übers Papier fährt, um das «Kathedralwerk» zu vollenden, immer aufs neue dieses und jenes Detail hinzufügend, soll stehen bleiben, bis der Roman vollendet ist. Proust, der ihr schreckliches Wüten im letzten Band der «Recherche», wenn er sich der vom Alter gezeichneten, kaum oder gar nicht mehr wiederzuerkennenden Gäste im Salon der Guermantes annimmt, mit schon fast sado-masochistischer Lust beschreibt, überlistet sie acht Jahre lang, bis sie ihm beweist, dass sie sich selbst von ihm, ihrem scharfsinnigsten Intepreten, innigsten Huldiger, nicht betrügen lässt – und ihn umbringt.

1930 erhält in Paris ein vierundzwanzigjähriger gebildeter, fast schon gelehrter Ire, der an der Ecole normale supérieure eine Assistentenstelle in Anglistik bekleidet, von Freunden den Auftrag für eine Proust-Monographie. Samuel Beckett akzeptiert und gibt innert weniger Wochen auf 100 Seiten Rechenschaft über seine Lektüre der «Recherche». Von einer «Monographie» kann selbstverständlich nicht die Rede sein. Stattdessen konfrontiert uns Beckett mit einem fundierten philosophischen Text, stilistisch nicht ohne Augenzwinkern den Satzmäandern Proust angenähert, in dessen Verlauf in immer neuen Anläufen das eigene Denken demjenigen des Studienobjekts untergeordnet wird. Beckett benutzt Proust um Beckett zu werden. «Die Gesetze der Erinnerung», behauptet er, «hängen von den allgemeineren Gesetzen ab, die von der Gewohnheit bestimmt sind.» Dichter kann Proust erst sein, wenn er der Macht der Gewohnheit entkommt, in den Zustand der «unfreiwilligen Erinnerung» gerät, der allein es ihm erlaubt, eine Welt aus einer Tasse Tee herauszuzaubern. Monumente einer Existenz, eines reduzierten Überlebens und Vegetierens in der Gewohnheit hat uns Beckett hinterlassen. Keiner vermochte die Macht jener «allgemeineren Gesetze» besser zu beschwören als er, niemand anderer verstand es, mit derart sparsamen Mitteln stagnierende Lebenszeit, Erinnerungssplitter als Chiffren der Gewohnheit zu beschreiben. Prousts ganzes Trachten ist darauf gerichtet, das eherne und tödliche Gesetz der Erinnerung als Funktion der Gewohnheit zu brechen, um jenes Ausnahmezustands der «unfreiwilligen Erinnerung» teilhaftig zu werden, in der die Zeit, von ihren Fesseln befreit, künstlerisch fruchtbar wird.

Sitzend im Bett, spät in der Nacht und in den ersten Morgenstunden, häuft er im letzten Band seines Riesenwerks, der «Wiedergefundenen Zeit», jene Sätze, die poetisch und theoretisch seine Arbeit und den Prozess dieser Arbeit dokumentieren. Jetzt wird, nach einem Wort Roland Barthes', die «Recherche» zur «Geschichte des Schreibens». Im Musée Carnavalet schaue ich auf das leere Bett und erinnere mich an diese Sätze: «... ein Buch ist ein grosser Friedhof, auf den meisten Gräbern kann man die verwischten Namen nicht mehr lesen. Manchmal dagegen erinnert man sich sehr gut an den Namen, aber ohne zu wissen, ob etwas vom Mensch, der ihn trug, auf diesen Seiten überlebt.» Die Literatur – ein Friedhof; die Lektüre – eine Geisterbeschwörung: seltsam wie diese Beschwörung, die Zeit, die sie dauert, verdichtet und vertieft, als würde man sie vielfach leben.

Mit Zola von Montmartre nach Afrika

Starke Pariser Erlebnisse und die luzidesten Einsichten in die Stadt, die zu Spielen oder Spekulationen führen können, wie die hier vorliegenden, habe ich oft dem literarischen Schwerarbeiter Emile Zola zu verdanken. Seine Wissbegier, sein unendlicher Fleiss hiessen ihn die Stoffe der Rougon-Macquart-Romane mit enzyklopädisch anmutender Akribie recherchieren. Mit journalistischer Elle gemessen, erreicht er die Höhe eines Riesen. Mit erschlagender Gründlichkeit häuft er Detail auf Detail und malt seine Bilder nicht wie die Freunde, die Impressionisten, in Tönungen, in Farbklängen; vielmehr verfährt er wie ein Naiver (mit Neigungen zum Symbolismus), verfügt über jenen überscharfen Blick, den es braucht, um Natur und Zivilsation in der sogenannten Wirklichkeit und in allen Einzelheiten zu erfassen, um sie dann, so ähnlich wie nur immer möglich abzubilden, nachzubilden in der Sprache.

Als Fundgrube für das Paris und das Frankreich der zweiten Hälfte des 19. Jahrhunderts sind Zolas Romane einzigartig. Man kann lernen, wie ein Bergwerk oder eine Lokomotive funktionieren, wie man an der Börse spekuliert, sich im Grundstückhandel bereichert, wie man ein Warenhaus aufbaut und betreibt, ein Dach deckt, mit Gewinn herumhurt, am Delirium tremens stirbt (vier furchtbare Seiten lang). Fortschrittsgläubig, sozial und gesellschaftsreformerisch engagiert, verpasst es Zola nie, seinen befrachteten Erzählschiffen mit den bunten Ladungen gedanklichen Tiefgang zu verleihen. Und schliesslich ist er, trotz unelegantem Stils, überladener Metaphorik, penetranter Symbolik und trotz der abstrusen Vererbungstheorie, in die er seine Familiensaga zwingen und zwängen will, Dichter genug, um die Tausende von Fundstücken in seinem gewaltigen Panoptikum so zu situieren und zu beschreiben, dass man gleich etwas sieht, etwas spürt, etwas erinnert, wenn man liest und die Orte des Geschehens aufsucht.

Begebe ich mich, mit ein bisschen Zola im Kopf, hinauf auf den Hügel von Montmartre, um das zu tun, was alle Paris-Betrachter zu allen Zeiten getan haben, die Stadt von oben anschauen, um sie, wenigstens in der Phantasie, überfliegen und in ihren Ausmassen erkennen zu können, werden Blick und Hirn freier und reicher zugleich. Geschichtsträchtige Augenblicke, Zola zu verdanken, mit Zola-Texten gewissermassen imprägniert und deshalb fest an Montmartre gebunden, nicht an den Eiffelturm, nicht an die Beaubourg-Terrasse oder ans Dach des Samaritaine-Warenhauses. Die pompöse Sacré-Cœur-Basilika hatte Zolas Held noch nicht im Rücken, als ihn der Dichter auf den Hügel hinauf begleitete, um einen Grund zu bekommen, uns Lesern das eben entstehende Haussmannsche Paris vorzuführen, hinter dem wir das mittelalterliche nur noch ahnen und in Bruchstücken sehen können. In einer Mischung aus Bewunderung und Abscheu schaut der Dichter auf jene Durchbrüche hinab, die brutal ins Häusermeer geschlagen werden, um die Stadt in einer einzigen Gewaltanstrengung aus dem Mittelalter in die Neuzeit zu befördern.

Zeit des Übergangs, der wilden Spekulation und

geplanten Verwandlung. Damals hörte Montmartre auf, als Dorf zu existieren. Eine Stätte der Lustbarkeiten für die Pariser Stadtbevölkerung war Montmartre seit dem 17. Jahrhundert. Weil der Wein, der hier gedieh, an der Grenze zur Stadt mit hohen Einfuhrzöllen belegt wurde, zogen es die Dörfler vor, ihn ausserhalb der Mauern auszuschenken. In grosser Zahl entstanden die entsprechenden Kneipen, Cabarets, später die Tanzlokale – und so kamen die Pariser zu einem ganz in der Nähe gelegenen Vergnügungszentrum mit billigen Genüssen.

Die Genüsse sind geblieben, sind nur noch billiger und in zeitgemässer Art funktionalisiert, instrumentalisiert und industrialisiert worden. Die Stadt in der Stadt hat sich in ein zusammengestücktes, urbanisiertes Monster verwandelt, ein randständiges Wesen, einen Tatzelwurm, vom Périphérique am Ausbrechen gehindert. Dorftrümmer, grossbourgeoise Architektur der Boulevards und fünf- bis sechsstöckigen Fassadenmuster, Lücken, Löcher, manchmal mit Betonstiftzähnen ausgefüllt. Tagsüber überschwemmen Touristen auf vorgespurten Pfaden den Montmartre-Hügel, pilgern hinauf nach Sacré-Cœur, wo sie sich von Senegalesen Lederhüte, Handtaschen und Schmuck andrehen lassen. Nachts werden sie von den Anreissern vor den Sex-Etablissements auf den grossen Boulevards in Empfang genommen und viel später kichernd, um viele Scheinchen ärmer, wieder in ihre Busse entlassen.

Die anarchische Commune hatte Frankreichs Katholiken tief verschreckt. Als sie die Gefahr auf ihre, seit dem Mittelalter bewährte Art gebannt und also in einem Blutbad ertränkt hatten, verlangte die Frömmigkeit ihren Tribut. Reichlich flossen die

Spenden und es entstand ein steinernes Zuckergebäck, Sacré-Cœur, das Mahnmal. Es hat dem Laster nichts anhaben können. Den niedergemetzelten Revolutionären folgte das unchristliche Künstlervölkchen, die Dirnen vermehrten sich kräftig. Der Hugenotte, nachmalige Henri IV., dem Paris und das Königreich eine Messe wert gewesen sein sollen, brütete auf den Hügeln von Montmartre über der Strategie, die ihn zum Erfolg führen sollte. Den modernen Eroberern, den Multi-Kulti-Touristen, sind Mahnmal, Messe, Commune gleichgültig. Sie nutzen die weisse Basilika als photographischen Hintergrund, steigen den mit Blut gedüngten Hügel auf der Jagd nach pittoresken Sujets hinauf und hinunter.

Ein bisschen Zola im Kopf, ein Blick auf das haussmannsche und nachhaussmannsche Paris, dann hinauf mit den Augen, in den Himmel, in die vorbeiziehenden Wolken, dorthin, wo die schönsten Pariser Gedichte Baudelaires anfangen und aufhören. Baudelaire hat Haussmanns Transformationen auch erlebt – und den technischen Fortschritt gehasst. Seltsam, dass ihn seine tiefe Abneigung gerade dazu inspirierte, die moderne Stadtlyrik zu erfinden. Auf Zolas Bildern, den Markthallen, den grossen Boulevards, der Goutte d'Or, muss man immer den Staub abwischen, bevor man liest, spürt und erinnert – dann freilich treten Farben und Formen frisch wie am ersten Tag in Erscheinung. Baudelaires Lyrik trifft direkt ins Herz. Ist wie aus der Zeit, aus der Geschichte gefallen.

Den Übergang von Frankreich nach Afrika bildet der Boulevard Rochechouart. Am Pigalle, nachmittags, verlasse ich die touristische Zone, lasse mich in einem kosmopolitischen Strom schieben und treiben, vorbei am Warenhaus Tati, dem billigsten von Paris, wie es sich selbstbewusst preist, Traum schwarzer Frauen von Dakar bis Ouagadougou und Abidjan, vorbei am St. Pierre, dem erstaunlichsten Stoffladen der Welt, wo man vom preisgünstigen Basarramsch bis zu delikaten Brokat- und Seidenfabrikaten alles findet, vorbei an den arabischen Bäckereien mit den farbigen Honig- und Marzipankunstwerken, vorbei an den muslimischen Metzgereien, aus denen mich die starren Augen der blutigen Schafsköpfe anglotzen, die sich algerische Feinschmecker, wie mir ein Bekannter mit erhobener Schwurhand versichert, schon zum Frühstück genehmigen, gekocht, nehme ich an. Allmählich gelingt es, den Reizüberflutungen standzuhalten. Ich höre den Temperamentausbrüchen der afrikanischen Matronen zu, die, in prachtvolle Tücher gewickelt, ein paar Kinder an der Hand, eines am Rücken befestigt, in singendem, näselndem Französisch Preise verhandeln, bewundere die blauen oder weissen, mit Gold bestickten Festgewänder von ein paar vorbeiziehenden Würdenträgern und weiche den cleveren maghrebinischen Kleider-, Elektronik-, Schmuckverkäufern aus, die potentielle Kunden schon draussen, vor den Geschäften, in ein Gespräch zu verwickeln versuchen. Der Menschenstrom wird dünner, verzweigt, verteilt sich, fliesst in die kleinen Strassen und Gassen des Barbès-Quartiers ab.

Mischzone. Randzone. Übergang vom Dorf in die Stadt, vom Stadtinneren nach draussen. Landsehnsucht und Stadtgier. Haussmann hat die Trennlinie aufgehoben, die Eingemeindung von Montmartre, Chapelle, Goutte d'Or veranlasst, Zola, der getreue Zeuge, zeigt uns die Auswirkungen. Heute, mehr als hundert Jahre später, gibt es eine neue, weiter vorgeschobene künstliche Trennlinie, den Périphérique, dahinter jene zwiespältige Banlieue, die für die einen Himmel, für die andern Hölle bedeutet, zukunftsweisende Modelle der sogenannten «neuen Stadt» kennt und die erschreckende Fratze der Immigrantenghettos.

«Als sie über dieses graue und endlose Gemäuer hinwegblickte, das die Stadt mit einer öden Einfassung umgab, gewahrte sie einen weiten Lichtschein, einen Sonnenstaub, der schon von dem morgendlichen Grollen von Paris erfüllt war. Aber immer wieder schweifte sie mit vorgestrecktem Hals zur Barrière Poissonière zurück und betäubte sich damit, die ununterbrochene Woge von Menschen, Tieren und Karren, die von den Anhöhen des Montmartre und von La Chapelle herabwallte, zwischen den beiden gedrungenen Zollhäuschen hindurchfliessen zu sehen. Dort war ein Herdengetrappel, eine Menge, die durch jähe Stockungen in Lachen auf dem Fahrdamm ausgebreitet wurde, ein endloser Vorbeimarsch von Arbeitern, die mit ihrem Handwerkszeug auf dem Rücken und ihrem Brot unter dem Arm gingen. Und das Gewühl ergoss sich nach Paris hinein, wo es unaufhörlich versank.» Auf den ersten Seiten von Zolas Roman «L'Assommoir» wartet die unglückliche Gervaise auf ihren Liebhaber, der die Nacht auswärts verbracht hat. Von draussen, von jenseits der Mauern scheinen Licht und Sonne – und sie «betäubt» sich am Strom der Arbeiter, die, dem Sog der Stadt gehorchend, täglich in die äusseren Quartiere eindringen. Am Schluss des Romans, rund fünfzehn Jahre nach der zitierten Szene, hat sich Gervaise zugrundegerichtet. Die Stadt aber hat ihr Gesicht gewaltig verändert. Und der unschlüssige, hin und her gerissene Zola deutet die Zeichen für einmal düster.

Abend ist's, Abschiedszeit, Endzeit für die arme Gervaise, die wiederum an der Grenze zwischen Stadt und Vorstadt steht, erschöpft, resigniert. «Der aus dem Herzen von Paris heraufkommende Boulevard de Magenta und der ins Land hinausgehende Boulevard Ornano hatten das Viertel an der ehemaligen Zollschranke durchbohrt, ein gewaltiger Abbruch von Häusern, zwei weite, vom Gips noch weisse Avenuen, die an ihren Flanken die Rue du Faubourg-Poissonière und die Rue des Poissoniers behielten, deren abgekantete, verstümmelte, wie düstere Gedärme gewundene Enden sich vorschoben ... Es war eine unübersehbare Kreuzung, die in der Ferne durch endlose Strassen, die von Menschenmengen wimmelten und im verlorenen Chaos der Bauten ertranken, auf den Horizont mündete.» Dem Gemütszustand seiner Heldin entsprechend, rückt Zola hier die Opfer der Haussmannschen Neuerungen in den Vordergrund, zeigt Verstümmelung und Chaos. Sechshundert Seiten, einen dicken, spannenden Roman lang ist er nicht müde geworden, uns die Dörfer und Vorstadtquartiere am Fuss von Montmartre, die Goutte d'Or insbesondere, als Brutstätte allen menschlichen Elends – Krankheit, Suff, Kriminalität – zu schildern. Und jetzt, da radikal saniert, abgerissen, durchbohrt und neu gebaut wird, entdeckt er, dass in diesem jämmerlichen, in diesem geschundenen, schorfigen Leib ein Herz geschlagen hat.

Zone des Übergangs zwischen Stadt und Land, Stadt und Vorstadt. Zu Zolas Lebzeiten spielte sich hier ein Drama ab. Ein steinerner Wille wurde durchgesetzt, eine Vision realisiert, eine gigantische Materialschlacht geschlagen. Ein paar wenige erspekulierten sich Reichtürmer, Tausende fanden Arbeit, Tausende verloren Unterkunft und Lebensraum. Die Stadt blieb Siegerin natürlich, vor der neuen Ästhetik hatte das Eigen- und Randständige, auch das Unsaubere, Stinkende, Krankmachende zu weichen.

Hundertdreissig Jahre nach der Zolaschen Endzeitvision hat sich das, was damals eingemeindet und zur Stadt geschlagen wurde, in eine Insel oder Oase verwandelt. Bin ich durchs französische Stadtmeer geschwommen, lande ich in Afrika. Und mache mir ein Vergnügen daraus, mich selber zu verwirren, Bilder aus verschiedenen Zeiten und Welten ineinander zu verschachteln. Der Wäscherin Gervaise folge ich auf ihren Arbeits- und Bittgängen, schaue, was übrig geblieben ist von dem, was in ihr Blickfeld fiel; leicht sind die Wege auszumachen, die Lantier und Coupeau auf ihren Sauftouren beschritten haben müssen; an der Rue Marcadet genügt ein Blick auf das Strassenschild, um die lärmige und feurige Welt des Schmieds Goujet zu erinnern; die Kneipen, Bistros, kleinen Ess- und Vergnügungslokale haben sich seit den Zeiten, als die heranwachsende Nana sich hier auf ihre erfolgreiche Hurenkarriere vorzubereiten begann, sicher noch vermehrt. «Oben waren in Richtung der Rue de la Goutte d'Or düstere Läden mit schmutzigen Fensterscheiben, Schuster, Böttcher, eine finstere Kolonialwarenhandlung und ein bankrott gegangener Weinhändler... Am anderen Ende, nach Paris zu, versperrten vierstöckige Häuser den Himmel, in deren Erdgeschossen haufenweise Wäscherinnen nebeneinander wohnten.» So sah es Zola. Und mir, der ich am Boulevard Barbès stehe, durch die Rue Ordener, Goutte d'Or, Stephenson, Myrha gehe, schieben sich ungerufen, hartnäckig Bilder aus Algier und Marrakesch, aus Dakar und Bamako in die Zolaerinnerungen und ins vor mir Liegende hinein.

Bereist man den Maghreb oder die ehemaligen französischen Kolonien Westafrikas, fragt man die Arbeitslosen, die Verarmten, die Elenden nach ihren Hoffnungen, werden sie solcher Hoffnung immer den Namen Paris geben. Und dabei das 18. Arrondissement meinen. Paris als Hafen und Zuflucht und Paradies. Im Barbès-Quartier leben Zehntausende von Arabern und Westafrikanern seit Jahrzehnten, legal und illegal. Im Laden drinnen sitzen Schneider hinter alten Nähmaschinen und wollen mir in zwei, drei Tagen für wenig Geld einen zweiteiligen Anzug nähen. Nebendran wird all der glänzende Schund verhökert, den in Dakar die fliegenden Händler anpreisen und in Marrakesch, in den Souks, die Berber. Hier gibt es keinen MacDonald's, sondern einen MacDoudou und die allgegenwärtige algerische Kolonialwarenkette mit eigener Weinmarke heisst Sidi Brahim. Die Coiffeursalons sind ganz auf schwarze, weibliche Kundschaft ausgerichtet, werben mit Fotos und Plakaten für kunstvolle Zopfgeflechte und teintaufhellende Produkte. Von Dakar bis Barbès gibt es gewiss kein lukrativeres Geschäft als das mit hellbraun oder dunkelweiss machenden Salben. Überall breitet sich der Markt aus, die Kräuter, das Gemüse, die Früchte, Körner und Getreide tragen unbekannte Namen. An der langen Rue des Poissonniers, auf der während Jahrhunderten der Meerfisch in die Stadt transportiert wurde, kaufen Afrikanerinnen den schmackhaften Thiof aus Senegal.

Auf den Trottoirs, vor den Cafés und Teestuben, sammeln sich junge Männer. Sie haben keine Arbeit, leben zu viert und manchmal zu acht in winzigen Wohnungen und oft auch gezwungenermassen in den kleinen Hotels des Quartiers. Wohnen, essen, schlafen – schichtweise. Und also stehen sie draussen, grüssen sich mit den Spitzen der Finger und führen dann die Hand zum Herzen. Ein Flackern im Blick, wenn der Freund, der Kollege, der Landsmann, der Bruder etwas Hoffnungsvolles zu berichten weiss. Vor den Telefonkabinen drängen sich Schlangen, drinnen wird wild gestikuliert und manchmal geschrien – und draussen gelacht. Am Freitag laufen die Frommen vor den in Seitengassen versteckten Moscheen zusammen. Da schlürfen alte Kabylen ihren stark gesüssten Pfefferminztee an Alis Stand, dort bestellen «Beurs» der zweiten und dritten Generation Bier und Wein. Die Muslime aus Mali, aus Senegal nehmen's mit Mohammeds Gesetzen nicht immer so genau wie die Bärtigen aus Algerien. Aber im kalten Winter des Golfkriegs, als die westliche Welt und Frankreich insbesondere den verhassten Saddam Hussein zerschmettern wollten und der sich ein paar Tage lang auflehnte, da tönte aus jedem zweiten Ramschladen des Barbès-Quartiers das gleiche getrommelte, gestöhnte Lied auf die Strassen: es stammte aus dem Orient, es pries den neuen Helden des Heiligen Kriegs, wünschte ihm den Sieg über die Ungläubigen. Und auf den Gesichtern der Händler und Dealer, der Herumsteher, Tee- und Biertrinker zeichnete sich ein Lächeln des Triumphes ab. Mit eins schien sich die Insel im französischen Meer zu verwandeln, wurde zur afrikanischen Enklave, dem heimatlichen Kontinent, dem einzig wahren Glauben und dem neuen Propheten mit tausend unsichtbaren Fäden verbunden.

Ich habe dem Barbès-Quartier ins schöne, ins offene Gesicht geschaut, seinen Puls gefühlt, mich an seiner Wärme gewärmt, Herzlichkeit, Gastlichkeit erfahren, ich habe begreifen müssen, dass es sich an einen menschenverachtenden Diktator hängt, weil dessen Provokationen Balsam für kollektive Wunden bedeuten, die der grosse Teufel in Washington und seine Trabanten geschlagen haben und immer weiter schlagen. Ich habe auch etwas von Multi-Kulti gehört und es mir angeschaut: wie die Völker gemeinsam flanieren und konsumieren und sich anscheinend mischen. Aber Multi-Kulti gibt es nicht, Multi-Kulti ist ein Schwindel, Multi-Kulti hält keiner auch noch so oberflächlichen Untersuchung stand. Das hat mich die Goutte d'Or auch gelehrt. Friedlich sitzt ein Alter mit Baskenmütze auf einer Holzbank, neben drei arabischen Müttern. Vorne am Schalter des Quartierrathauses wird über Sozial- und Familienhilfe informiert und dieser Teil des Korridors ist zur Zeit der Sprechstunden überlaufen. Der redselige Alte plaudert über seine Vergangenheit als Matrose, fängt dann mit Kriegserlebnissen an, er scherzt, wir lachen. Die drei Frauen wechseln den Platz und jetzt redet sich der Alte übergangslos in eine Wut hinein, spuckt nur noch blanken Rassismus aus. Le Pen vite. Und Kahlschlag. Alle ins Meer werfen. Zurück marsch marsch. Dorthin, wo ihr hergekommen seid. Der arabische Taxichauffeur stimmt ein zunehmend schnelleres und bösartigeres Lamento über die Nichtstuer aus Schwarzafrika an, Heiden, verfluchte, weg mit denen. Ein weisser Hauswart versucht seine schwarzen Mieter gegen einen Haitianer aufzuwiegeln, den er aus dem Haus haben möchte, bezichtigt ihn sämtlicher Missetaten und stösst auf grösstes Verständnis. Die Schwarzen sind nämlich Franzosen aus Martinique und würden wohl am liebsten ein entsprechendes Markenzeichen auf der Haut tragen, damit's auch jeder sieht, und der Haitianer, finden sie, hat hier gar nichts verloren. Multi-Kulti? Nichts scheint dem «petit blanc» mit der Baskenmütze, der doch weitgereist ist, der doch gelebt und geschaut und gelitten hat, wichtiger, als sich von den Hellbraunen abzusetzen, um kein Geld der Welt möchte der Maghrebiner mit den Schwarzafrikanern in einen Topf geworfen werden, nur Spott und Hohn hat der Schwarze für den noch Schwärzeren übrig.

Spät ist's geworden. Ich sitze bei Aminata aus Mali, im Mali-Restaurant, wo weintrinkende Malier verkehren. Aus dem Fernsehapparat, der die Stirnwand des engen Saalschlauchs dominiert, dröhnt's und donnert's. Kein Krieg immerhin, kein Kriegsfilm, nur eine dieser Schrei- und Lach-Shows der Weissen, an denen sich die Schwarzen unheimlich ergötzen. Vorsichtig stochere ich in den zähen Fleischbrocken herum und schaffe die sämige Festtagssauce mit den getrockneten Fischstücken beiseite. Von schwarz nach weiss scheint der Rassismus nicht zu funktionieren, es sei denn, er bediene sich derart subtiler Formen, dass er mir entgeht. Einen Witzbold und Zwinkerer, der eben eingetreten ist, bezeichnet Aminata als «Marabout der Frauen und der Liebe». Er verteilt Zettelchen, auf denen er sich Professor Sylla nennt und sich als Problemlöser anpreist. «Wenn deine Partnerin mit einem andern geht und du sie wiederhaben willst – das ist Prof. Syllas Domäne. Besuch ihn und du wirst geliebt sein, deine Partnerin wird dir folgen wie ein Hund seinem Herrn.» Professor Sylla kombiniert geschickt afrikanischen Machismo mit alltäglichen Gegebenheiten des Gastlandes. Er nennt eine Frau eine «Partnerin», konzediert, dass sie «mit einem andern» gehen könnte und schliesst nicht aus, dass der erste sie wiederhaben möchte, wie einen Besitz eben, der dann gleich zum Hund degradiert werden muss. Aminata nippt am Glas. Mehr verbietet ihr Mohammed, der Prophet, aber wir sollen bitte kräftig zulangen. Eigentlich ist Aminata Sekretärin, aber niemand stellt sie als Sekretärin an, in Paris, eigentlich ist sie verheiratet, aber da ihr Mann als Nachtwächter arbeitet, muss er tagsüber schlafen, während sie als Serviertochter ihr bisschen Geld verdient. Die kleine Wohnung, die man mit den beiden Löhnen grad so zahlen kann, wird teurer und teurer, was einer quartierüblichen Wuchermentalität seitens französischer Hausbesitzer entspricht, die sich so ihrer afrikanischen Mieter zu entledigen suchen.

Zone des Übergangs zwischen Stadt und Vorstadt. Und wieder wird abgerissen, durchbohrt, gebaut. Einige erspekulieren sich Reichtümer, einige finden Arbeit, Tausende verlieren ihre Unterkünfte. Die Stadt drängt ihre ärmsten Bewohner und ihre Immigranten aus den inneren Quartieren hinaus in die Banlieue. Hunderte von Malier-Familien, aus allen Randzonen der Stadt, die man aus leeren, besetzten, schrottigen Wohnlöchern geworfen hatte, lebten eine Zeitlang trotzig in Zeltlagern am Stadtrand, wollten nicht weichen. Es bedurfte der Wut und des medialen Einflusses des unantastbaren Abbé Pierre, um Bürgermeister und Minister zu erweichen. Baucontainer hat man den unfreiwilligen Nomaden schliesslich angeboten, aber die Bewohner der vorgesehenen Gemeinden wollten auch davon nichts wissen. Weg mit denen übers Meer, rein in die Chartermaschinen, sollen sie dorthin zurück, wo sie hergekommen sind.

Zeiten und Herzen verhärten sich, Betonköpfe regieren. Laut, am hellichten Tage, oder klammheimlich, im Verborgenen, mechanisch, gesetzlich, administrativ, sofort oder mit retardierender Wirkung wird umgebaut, abgeschoben, verändert, verwandelt. Wo ist der neue Zola, der Aminatas Geschichte und die ihrer Brüder, ihrer Schwestern, ihres Clans aufschreibt? Was wird aus der Goutte d'Or, dem Barbès-Quartier? Die Nacht ist angebrochen, in Klein-Mali, in Barbès-Afrika wird fröhlich getafelt, getrunken. Man klatscht sich auf die Schenkel, lacht sich kaputt über die Show der Weissen im TV, die inzwischen jenen spastisch-hektischen Charakter angenommen hat, weil das «aus» naht, das vom Conférencier mit immer rasenderen Wortschwällen gleichzeitig angedroht und hinausgezögert wird. Mit träger Stimme, im melodischen Singsang, den niemand so beherrscht wie die französischsprachigen Westafrikaner, phantasiert sich Aminata ein Luftschlösschen zusammen. Dem Cousin eines Cousins ist kürzlich ein Traumjob angeboten worden. Auf dem Flugplatz Charles de Gaulle. Nicht grad als Pilot, aber doch als Manager eines Souvenirladens will ihn jemand engagieren, mit prächtigen Umsatzzahlen und Gewinnbeteiligung. Wenn der sie dort unterbringen könnte ... Sie würde auf leichte Art einen Haufen Geld verdienen, sparen und trotzdem gut leben und dann nach Mali zurückkehren, um sich in Bamako ein Gewerbe zu kaufen. Wir stossen auf den Cousin an, auf Charles de Gaulle und auf Mali.

Zeit und Stadt

> «... denn einer der Vorzüge von Paris, eine seltene Gunst, die nur jenen bezeugt wird, die es verstehen, hier Zeit zu verlieren, besteht darin, dass sich die Stadt plötzlich unter unerwarteten Aspekten zeigt, gleichzeitig freudige Überraschung und eine leichte Unruhe provoziert, die um ein nichts in Beklemmung umschlagen kann.»
> *Julien Green, aus «Paris»*

Um Zeit wiederfinden zu können, um die bittersüsse Proustsche Lust zu empfinden und zu teilen, die eine Reise in die Gärten der Kindheit, in die stürmischen Wetterlagen der Adoleszenz, in verborgene oder verschüttete Winkel des Bewusstseins verspricht, muss Zeit zuerst verloren worden sein. Paris lehrt den Zeitverlust erster und zweiter Art. Mit der ersten will ich mich nicht lange aufhalten. Gemeint ist der alltägliche Energieaufwand beim Einhalten von Terminen, das Zerrinnen der Minuten und Stunden in der Hast und Hetze durch ein im Verkehr erstickendes Netz von Strassen. Im Mass, in dem die Zeit drängt und fliesst, entleert sich das Bewusstsein. Nervöse Unfruchtbarkeit, grenzenlose Frustration besetzen Kopf und Herz. Die ausgehende, sich schliesslich ganz verlierende Zeit, gnadenlos vom Plus- ins Minusfeld sich verlagernd, durchläuft schnell die Stadien, die vom Schuldgefühl zu heller Panik führen. Abweisend, gleichgültig die steinerne Stadt, unbewegt ihr Antlitz, nichts kann sie rühren, nichts ihr etwas anhaben. Spurenlos scheint die Zeit, die mich aus der Fassung bringt, an ihr vorbeizuziehen.

Der Zeitverlust zweiter Art wird nicht zu erwerben sein. Paris verschenkt sich grossmütig, heute wie gestern, im Luxembourg, im Park des Rodin-Museums oder unter den Schienen der Métro, die im Boulevard Garibaldi über meinen Kopf hinwegbraust. Der Schritt, eben noch regelmässig knirschend im Sand, im Kies der Gärten, hart auf Pflaster und Asphalt des Boulevards wird lautlos, die Gesichter der Passanten verschwimmen, ich versinke in der Zeit wie in nachgiebiger Erde; tauche ich wieder auf, bin ich ein anderer, ein mir Fremder, gleiche meinen Traum-Ichs, Figuren ohne Leib, die von Spiessen durchbohrt werden, ohne zu sterben, lieben, ohne zu vergehen, laufen, ohne müde zu werden, mit ausgebreiteten Armen fliegen, als hätte sie jemand ins All geworfen. Jetzt gleitet ein Maghrebiner an mir vorbei, sein Gesicht hebt sich hell vom Hintergrund der Hausfassaden ab, er trägt einen gefüllten Papierkorb sorgsam vor sich her und ich fühle mich in ein Märchen von 1001 Nacht versetzt. Dann flattern die Tauben unter der Métrobrücke bei La Motte-Picquet, am Boden ist alles von ihrer Scheisse verdreckt, meine Augen sehen geflecktes Ödland, und wie ich den Vögeln nachschaue, zieht es mich in die leichten Wolken hinein, die am Himmel segeln und sich in einer Glasfassade spiegeln. Leerer Blick, der ziellos wandert. In der Spiegelung, in der Endlichkeit eines auf Glas projizierten Stückchen Himmels, ruft sich mit Macht der ganze Himmel, die Unendlichkeit in Erinnerung. Auf und ab ebbt der Lärm der über mich hinwegdonnernden Métro, hüllt mich ein wie in einen warmen Mantel. Was sich meinen Sinnen darbietet, wird sogleich transformiert, ich kenne mein Quartier nicht mehr.

So habe ich Zeit verloren, mich in und mit der Zeit vergessen. Die Stadt verhalf mir dazu im unbewachten Augenblick, den ich suchte, flanierend. Im Park des Rodin-Museums, abgeschirmt von der Mauer zur Strasse, geschützt vor den Touristen, den kichernden Schulmädchen, den Bronzestatuten durch jene streng geschnittene Buschhecke, die kleine, mit dünnem Gras bewachsene Ruheplätze ausspart, liege ich auf einer grau gewordenen Holzbank und wiederum verschwindet die Zeit, lässt mich aus ihrem Zählrahmen fallen. In eine tiefe Flucht hinein öffnet sich der Garten und hinter der gegliederten Museumsfassade wächst die Stadt ins Unendliche. Wieder und noch einmal ins Unendliche. Vielleicht ist die verlorene, die verschwundene Zeit auch nur stehen geblieben. Den Raum um mich herum hat sie aufgesprengt, dann ausgedehnt und so verändert, dass ich ihn nicht mehr ermesse. Im Luxembourg, mir vertraut wie kein anderer Pariser Park, hat's mich an einem Ort erwischt, den ich selten aufsuche: an der Wand des grossen Gewächshauses, Reservat der Mütter, die ihre Kinder in den vorgelagerten Spielplätzen beaufsichtigen oder der halb ausgezogenen, lederbraun und krokodilhäutig gewordenen Sonnenanbeterinnen, die hier, wind- und publikumsgeschützt, die wärmsten Ruheplätze finden. Im Frühling kann man von dieser Stelle aus in die grossen violetten Blütendächer einer niederen Baumart hineinschauen, dem Klatschen der Filzbälle im Tennisfeld zuhören, sich unter die karten- oder schachspielenden Rentner mischen, die sich auf klapprigen Stühlen zusammenziehen, nervös an ihren Baskenmützen zupfen und der aufwendigen Ausschaffung von Palmen, Oleandern aus dem Gewächshaus beiwohnen. Aufschauend von «Le Monde», der mir entgleitet und zu Boden raschelt, nehme ich im Halbdunkel unter den Bäumen ein schwarzweisses Paar auf einer Bank wahr, er lehnt sich an die Rücklehne, spreizt die Beine, sie sitzt auf seinem Schoss, drückt sich an seine Brust, die Gesichter liegen aneinander, ein sanfter Wind schüttelt die violetten Blüten, einige fallen zu Boden.

Mit eins hält die Zeit an, verwandelt Welt und Zeitung in einen kleinen Witz. Lachen und Reden von Passanten, das Klatschen der gelben Filzbälle, das Geräusch einer wackelnden Ente auf Rädern, die ein Kind hinter sich herzieht, alles eben noch beiläufig aufgenommen, geht unter in einem Geschichtsfresko, das jetzt gebieterisch ins offene, von Zeitgeschäften befreite Bewusstsein drängt. An den Eisengittern des Parks vorbei hastet das Pariser Kleingewerbe, das Pariser Proletariat aus Merciers «tableau de Paris» Richtung St. Germain-des-Près, und ich weiss nicht, geht es um das Abschlachten verdächtiger Aristokraten oder um die Jagd nach Brot; feiste Pfaffen, schwarzgekleidet, mit gepuderten Perücken und einengenden Halskrausen, stolpern, schnaufen mit im wilden Zug, ich weiss nicht ob als Sympathisanten oder als Geiseln; Soldateska in abenteuerlicher Uniform rückt aus, Krähen stürzen durch den Himmel, Holzschuhe klappern auf unebenem Pflaster, ich kann auch Berittene sehen; plötzlich öffnet sich die Stadt, mittelalterlich, mit windschiefen, dicht aneinandergedrängten Fassaden, Fachwerkhäusern, bebauten Brücken unter denen die Seine gelb dahinfliesst; aus miserablen Lokalen zu ebener Erde klopft und schimpft und heult es, Bettler strecken lepröse Hände aus, Marktschreier durcheilen die Strassen, Huren stellen sich zur Schau, krümmen sich in herausforderndem Lachen und entblössen schlaffe Brüste, Ziegen werden um eine Ecke getrieben, in den Eingängen von Weinschenken und Caféhäusern drängen sich Neugierige. Die Stadt als Buch und als Geschichte, als Folge von Bildern, als Film nimmt allen Raum in meinem Bewusstsein ein. Machtlos dem Ansturm ausgesetzt, lasse ich sie sich ausbreiten, während ich an der Gewächshauswand des Luxembourg sitze; der Strom der revolutionären Pariser brandet weiter den Gittern entlang, ich weiss nicht, was er will, noch was ihn treibt; jetzt reisst er mein Paris mit, Strassenzüge, Häuser, Leute; zu den Reitern gesellen sich Reiterstandbilder, die Könige, die Generäle mit gezücktem Säbel, die Pfaffen und Soldaten verwandeln sich in Studentengruppen, zu den Altkleiderhändlern gesellen sich die Juden von der Rue des Rosiers, hinter denen, geisterhaft, die in Schreck erstarrten vom Vel d'Hiv' sitzen; was hab' ich nicht an Demonstrationen gesehen in diesen Jahren und alle finden sich jetzt ein, die Lehrer von der Bastille, die Krankenschwestern von Ségur, die Schüler und Bauern von der République; Zeiten verschmelzen, weil die Zeit eine Zeitlang ausser Kraft gesetzt erscheint.

Leergeblasen das Hirn, unterbrochen der Denkstrang, ausgeschaltet die gelebte Zeit, und durchs Bewusstsein schiessen fremde Elemente, Erinnerungen, Lektürefragmente, aus dem Zusammenhang gelöste Bildfragmente. Verlorene Zeit, vergangene Zeit. Eine Situation, in der sich, mit ein bisschen Glück, jenes «unfreiwillige» Gedächtnis, das Proust so teuer war, einstellen kann und in der sich bewahrheitet, was Walter Benjamin meint, wenn er schreibt, «... dass das Gedächtnis nicht das Instrument zur Erkundung der Vergangenheit ist sondern deren Schauplatz». Jetzt funktioniert, was ich sehe und nicht sehe, die Gewächshausszene, der Museumsgarten, der Boulevard Garibaldi unter der Métro als Brücke zwischen dem Jenseits unbewussten Chaos und dem Diesseits eroberter Erinnerung. Die Stadt als Brücke, über die sich Gewissheiten, Wahrheiten von dort nach hier heranschieben, langsam und in einem Zustand derartiger Fragilität, dass ein Hauch sie zerstören könnte: Schmetterlinge sind's, seltsame Wesen mit durchsichtigen Flügeln, eine leichte Berührung kann sie töten. Das Gedächtnis aber, das als Schauplatz der Vergangenheit dient, eben noch leer, gedanken- und willenlos, möbliert sich vorsichtig, füllt sich wieder mit Zeit und Raum, während es sich um die neu eingebrachten Schätze schliesst.

Was sind das für Schätze, die mir da unwillkürlich zuteil werden, auf dem Schauplatz eines sich ständig verformenden Gedächtnisses, was mögen das für Wahrheiten und Gewissheiten sein, die sich meinem wie abwesenden Ich über eine Brücke nähern? Jeder Erinnernde verfällt notorisch der Täuschung, nach der es ihm gelingt, gewiss Geschehenes, Wahrhaftiges und Wirkliches noch einmal zu erleben. Und doch teilt sich ihm höchstens Ahnung, Abglanz und Ausschnitt einer Vergangenheit, die nie so war wie er jetzt meint, dass sie gewesen ist, mit. Zudem ist die Lust an der Erinnerung untrennbar mit dem in der Gegenwart liegenden Moment des Erinnerns verbunden und deshalb stark vom Jetzt beeinflusst. Im

Garten des Luxembourg, an der Wand des Gewächshauses erscheint mir ein anderer, dreissig Jahre alter Luxembourg, den ich einen Winter und Frühling lang fast täglich besuchte, zwischen den schwarzen Baumstämmen spazierend, mich nach den schönen Studentinnen in ihren eleganten schwarzen und blauen Mänteln verzehrend, ohne zu wagen eine anzusprechen und schliesslich fast widerwillig den Kindern zuschauend, die ihre Gouvernanten zur Frau mit den Segelschiffen zerrten, sich ein Boot (und einen Stock) ausliehen, um es dann im runden Teich auszusetzen. Die Schiffe, die Stöcke haben überlebt, sehen in meiner Erinnerung noch immer gleich aus – sie ziehen alles andere mit sich in die Gegenwart zurück. Dreissig Jahre werden verschluckt, ich wohne in einem lausigen Hotelzimmer, in einer Mansarde, in einer «chambre de bonne», eigne mir eine Sprache an, die mir vertraut ist und mit der ich doch nicht umzugehen weiss, erlaufe Strassen, Quartiere, Unter- und Oberwelt einer Stadt. Hier, im Park, bin ich ihrer einen Moment lang habhaft geworden, habe sie halluziniert und verewigt, als Geschichte, als Bild und Kunst, als Autobiographie erlebt. Wahrhaftig und gewiss, trotz sicherer Täuschungen.

Paris als tausendfache Figuration des erwachenden Bewusstseins. So wie es Benjamin im «Passagen»-Werk beschreiben wollte. Paris als Hirn, wie es Julien Green sich vorstellt in den Jahren, die er fern der geliebten Wahlheimat verbringt: «Während ich an die Stadt dachte, baute ich sie in mir neu auf, ersetzte ihre physische Gegenwart durch etwas anderes, fast Übernatürliches, dem ich keinen Namen geben kann. Ein Plan von Paris an der Wand bannte lange meinen Blick und belehrte mich fast ohne mein

Wissen. Ich entdeckte, dass Paris die Form eines menschlichen Gehirns hat.» Die Häuserzeilen und -ballungen, die gestaffelten Fassaden, die Quartiere im Quartier, die Arrondissements, Verwaltungsbezirke, die Macht-, Wissens-, Kauf-, Vergnügungszentren als einziger Schauplatz eines Bewusstseins, das alles, was der Mensch denkt und tut, simultan zur Verfügung hält. In den Blutbahnen, den Adern und Venen der Strassen, Gassen gerät dieser Schauplatz in Bewegung; an der Stadtgrenze aber, in der Hirnrinde des Périphérique schlägt Qualität in Quantität (und Brutalität) um, in der Banlieue beginnt der ungeschlachte Körper, der seine Rechte fordert und dem Willen des Hirns nicht immer folgen mag. Leicht, zu leicht wäre es, dem anatomischen Gleichnis ein politisches anzufügen, das zentralistisch regierte Frankreich mit dem Pariser Kopf gleichzusetzen. Lieber kümmere ich mich um die Seine. Was tut sie im Hirn? Green meint vage: «Aber da gab es die Seine, die das alles durchfloss, sie bedeutete mir das Instinktmässige und Unausgedrückte, das wir in uns tragen, wie eine grosse Strömung ungewisser Inspirationen, die blindlings ein Meer sucht, in dem sie sich verlieren kann...» Gelb fliesst sie durch meine Geschichtsbilder, gelbgrüngrau erscheint sie mir gestern und heute, trägt langsam dieses riesige «bateau mouche» zur Notre-Dame hinab, lässt sich gleichmütig von der metallischen Lautsprecherstimme peitschen. Unten im Hirn, auf Wasserhöhe folge ich ihrem Lauf und im Rauschen von der Flussmitte her, im leisen Plätschern der Wellen, die sich am Quai brechen, schwimmt mir noch einmal die Zeit davon und diesmal ist es Musik, improvisierte, Jazz, zweifellos der sensibelsten Art, langgezogene Töne einer Trompete oder eines Saxophons, Trommelwirbel, Klavierläufe, die sie zurücklässt. Im Innern des Hirns gibt die Seine den Rhythmus des Denkens an und färbt die Gefühle ein, gelb, blau und schwarz beim Eindunkeln, mit ihrer Melodie, die Freiheit, Lust oder die Melancholie bis zur Düsterkeit des Baudelairschen Spleens ausdrückt.

Einmal, lang ist's her, bin ich, weich in den Knien vor Müdigkeit, spät nachts zum Hotel in der Nähe von Saint-Sulpice gegangen. Immer langsamer. Und immer stiller ist's um mich herum geworden. Die gelben Laternen glänzten im Asphalt, die Strassen wollten kein Ende nehmen. Am Odéon noch ein bisschen Leben und dann ins Labyrinth der Gassen, mit tauben Ohren an den noch beleuchteten Bistros vorbei, mit den Schuhspitzen Müll wegkickend, gleichgültig den Clochard in seiner Wolldecke, die Plastiksäcke und die Weinflasche ins Auge fassend. Die nächtliche Stadt jetzt wie eine klebrige Haut, und keine Kraft, sie abzustreifen, nur Müdigkeit, bleiern, lastend. Im Hotelzimmer aus den Kleidern und gleich ins Bett gesunken. Diese Stille mitten in der Riesenstadt. Stille des Todes und der Toten. Kein Übergang, keine Traumbrücke. Nur dieses Totenstillegefühl als Beklemmung, fast als Angst. Gegen Morgen weckt mich das laute Ticken einer Uhr im Nachttisch, sie lässt sich nicht abstellen, sie bedroht mich förmlich. Totenuhr in der Totenstille. Unerbittlich und gleichmütig stiehlt sie mir Sekunde um Sekunde meines Lebens, hämmert mir Sekunde für Sekunde das in den Kopf, was wir Zeit nennen und was unseren Abstand zur Todesstunde verringert. Da bin ich in dieser leuchtenden, zeitverlorenen Stadt, die stets auch die Stadt meiner Träume war – und kann sie nicht als Zeugin, nicht als Retterin beanspruchen. Es ist mir, als hätte sie mich vergessen, ins Nichts fallen lassen, in ihre Nacht und ihren stillsten Winkel verbannt, um mich den Attacken der Zeit auszusetzen.

«Trois mille six cents fois par heure, la Seconde
Chuchote: *Souviens-toi!* – Rapide, avec sa voix
D'insecte, Maintenant dit: Je suis Autrefois,
Et j'ai pompé ta vie avec ma trompe immonde!

Remember! Souviens-toi, prodigue! *Esto memor!*
(Mon gosier de métal parle toutes les langues.)
Les minutes, mortel folâtre, sont des gangues
Qu'il ne faut pas lâcher sans en extraire l'or!»
(Charles Baudelaire, «L'Horloge»)

Dichten und scheitern –
oder ich ist ein anderer

> ... Il est l'affection et l'avenir, la force
> et l'amour que nous, debout
> dans les rages et les
> ennuis, nous voyons passer
> dans le ciel de tempête et
> les drapeaux d'extase ...
>
> *Arthur Rimbaud, aus «Génie»*

DA GEHT RIMBAUD. – Ich habe mir Rimbaud immer gehend vorgestellt. In Eile. Ungeduldig die Füsse vor sich werfend, um wegzukommen, anzukommen. In Paris. In Aden. Harar. Weg aus dem gehassten (und geliebten?) Heimatstädtchen Charleville, dem Bauernhof in Roche, ardennische Wälder und Fluren durchquerend, über Land marschierend mit ausgreifenden Schritten. Der Dichter mit den Windsohlen. Aufbruch kennzeichnet seine Poesie so gut wie die Dichtung seines Lebens. Dieses «Gehen», weiter und weiter ins Unbekannte vorstossen, Bekanntes und Erlebtes hinter sich lassen, braucht nicht wörtlich genommen zu werden. Übers Meer «ging» er mit Schiffen und die unendlichen Strapazen der somalischen Wüste teilte er mit seinem Pferd. Noch die Natur versuchte er zu überwinden, liess sich, als ihm das Bein abzufaulen begann, auf einer Bahre tagelang durch unwegsames Gebiet tragen, schiffte sich nach Marseille ein, reiste, amputiert, in die Heimat zurück, nach Charleville, Roche, und fragte am Vortag seines Todes in einem Brief den Direktor einer Schiffsgesellschaft an, wann er sich an Bord einfinden solle – für die Überfahrt nach Suez.

Ich habe mir Arthur Rimbaud immer gehend vorgestellt. In ständiger Bewegung. Weggehend, weitergehend. Es gibt Jahre in seiner Biographie, da verlieren sich seine Spuren. Nie ist es der Schar eingeschworener «Rimbaldistes», den Spürnasen und Fährtenlesern gelungen, vollständige Klarheit über sein Kommen und Gehen durch Europa zwischen seinem zwanzigsten und sechsundzwanzigsten Lebensjahr zu schaffen. Es ist, als ob er mutwillig seine Spuren verwischen wollte. Es war ihm zweifellos ungeheuer gleichgültig, als verschluckt, verschwunden zu gelten.

Nur wenige Bilddokumente von Rimbaud sind auf uns gekommen, ein paar Fotos, ein paar gemalte Porträts. Sie versuchen zu verewigen, was sich nicht halten liess. Das bekannte Foto von Carjat zeigt den Siebzehnjährigen am ehesten als das, was er bis heute geblieben ist: ein Genie in der Revolte, Teufel und Engel zugleich, ebenmässiges (stark retouchiertes?) Gesicht, leicht zusammengepresste Lippen, hohe Stirn, widerspenstige Haare – und ein stählerner Blick. Figur der Identifikation für den Adoleszenten 1994 so gut wie vor fünfzig oder hundert Jahren – dem älter Gewordenen bedeutet der Blick dieser Augen schmerzliche Erinnerung an nicht eingelöste Entwürfe. Aus der gleichen Zeit (1872) stammt das Gemälde Henri Fantin-Latours, das an einer Tischecke, inmitten der Künstlerfreunde, das Paar Verlaine/Rimbaud zeigt. Und Rimbaud, runder, kindlicher als auf Carjats Foto, schaut den Betrachter vage an oder blickt an ihm vorbei, vielleicht durch ihn hindurch; er ist da und auch weit weg. Die paar

Bilder vermögen ihn nicht zu definieren. Er entzieht sich dem Maler, der Kamera. Entmaterialisiert, aber jetzt in Bewegung, geistert er durch einige schnell gefertigte Skizzen, Federzeichnungen, Karikaturen. Verlaine sieht ihn als Bohemien wie aus dem Bilderbuch, setzt ihn ans Klavier, Rimbaud selber bildet sich (in der Art eines Kindergekritzels) durch Wiesen wandernd ab, ein Freund verewigt ihn an der Seite Verlaines in London: clochardeske Gestalten, grimmige Anarchos, poètes maudits. Und dann gibt es noch die düsteren, erschreckenden Gesichter, die ausgemergelte, alt gewordene Figur aus dem anderen Leben. Rimbaud in Abessinien, Rimbaud krank und auf dem Totenbett, von der Schwester ungeschickt gezeichnet. «Ich ist ein anderer.» Was der Siebzehnjährige proklamiert, steht dem Mann aus Afrika und Marseille ins Gesicht geschrieben.

Die poetische Existenz. – Es existieren so viele verschiedene Antworten auf die Frage nach der Bedeutung Rimbauds! Was ist es, das ihn zu einer Legende macht und ihm nach hundert Jahren eine Gegenwärtigkeit, Unmittelbarkeit, eine – wenn das Paradox erlaubt sei – ewige Modernität sichert? Die meisten Untersuchungen deuten aus dem dunklen Werk heraus, verneigen sich vor dem Genie der Pubertät, vor dem Genie allgemein, das in jeder Disziplin seine Bewunderer findet. Mir geht nichts über Rimbauds Verse und Prosa, die ich seit Jahren lese und wiederlese, ohne behaupten zu wollen, auch nur die Hälfte zu «verstehen», in dem Sinn, in dem man den Begriff «verstehen» zu verstehen hat, nämlich so, dass sich einem das Gelesene vollständig öffnet und man weiss, was die Zeichen, die Bezeichnungen meinen, weil man es fertiggebracht hat, sie mit dem Bezeichneten in Deckung zu bringen. Ich würde behaupten, dass das bei Rimbaud nicht möglich ist.

Die Deutung aus dem Werk allein genügt nicht, um des Dichters Wirkung zu erklären. Das haben sich auch jene Forscher gesagt, die den ganzen Rimbaud, den Dichter der Adoleszenz und den Geschäftsmann in Afrika, der von Literatur nichts mehr wissen will, zu beschreiben und zu erklären versuchen. Für mich verkörpert Rimbaud die poetische Existenz an sich. Und ich denke, dass es das ist, was seine Faszination ausmacht. Er wollte wirken, nicht dichten. Eigentlich hat ihn die Literatur nie interessiert. Der Handel mit Elfenbein und Waffen auch nicht. «Ich langweile mich», lautet seine afrikanische Litanei, die er den Briefpartnern wiederholt. «Man muss Rimbaud in der einzigen Perspektive der Poesie bedenken. Ist das derart skandalös?» fragt, rhetorisch, ein Wahlverwandter und später Nachfahre, der südfranzösische Dichter René Char. Ein anderer, Yves Bonnefoy, findet die für den Dichter der «Illuminations» so treffende Charakterisierung eines «Zwangsarbeiters der Poesie» – und weist im übrigen inständig auf die metaphysische Dimension in diesen Versen hin. Die Metaphysik, die letzten Dinge, Gründe und Abgründe des Seins. Rimbaud ist es immer nur darum gegangen: *die* Lösung, *die* Liebe, *das* Glück suchte er – und scheiterte ein Mal nach dem andern, fand nur Unglück, Ablehnung, Kompromisse. Um das Gold, das er zuerst in Wörtern niederschrieb, später als Gegenwert für Waren in einem Gürtel aufbewahrte (der Geldgürtel am Bauch soll schliesslich acht Kilogramm gewogen haben), ging es letztlich nicht. Die poetische Existenz ist eine freie Existenz. Der sie akzeptiert, verwirft, unter Qualen, das, was hinter ihm liegt, vermag sich nicht mit der unzulänglichen Gegenwart zu begnügen, eilt atemlos in eine unbekannte Zukunft, ins Nichts, in dem er sich zu erfüllen hofft. Liest man Rimbaud unter solchen Voraussetzungen, wird man in den Gedichten wie in den von jeglicher Literatur Lichtjahre entfernten Briefen an die Familie aus Aden und Harar zwei Seiten des gleichen Wesens entdecken.

Richard Dindos biographische Film-Erzählung stellt der Barbarei der Rimbaudschen Dichtungen, dem wilden Aufruhr und Aufbruch, dem Vulkan und Genie die strengste Form entgegen. Ein Leben, das unerbittlich in den Tod gezogen wird und von dort her seine Logik bezieht. In irritierendster Weise kontrastiert die Art des filmischen Erzählens mit dem Gegenstand der Recherche. Entheroisierung des Dichters. Rückführung des Genies auf menschliches Mass. Bescheinigung – auch – eines unausstehlichen Charakters, eines pubertären Provokateurs, eines mit besonderen Talenten ausgestatteten Realisten, der fortlaufend versuchte, das Unmögliche zu verwirklichen, wörtlich, schriftlich, handelnd. Denn die poetische Existenz ist eine reale Existenz trotz allem. Sonst könnte sie nicht so vertraut, so nahe – und doch so magisch fremd wirken: auf harmlose Sterbliche so gut wie auf Allen Ginsberg, der Rimbauds Fährten verfolgt hat, Bob Dylan, Patti Smith, die sich ihm brüderlich, schwesterlich verbunden fühlen, Henry Miller, der ihm den schönsten Essay gewidmet hat. In der Ruhe, Strenge, Unerbittlichkeit der Dindoschen Form schält sich Bild für Bild, Wort für Wort ein Mensch heraus, der in all seinem Unglück nie etwas anderes war und sein konnte als er selber. Für Verlaine, den zeitweiligen Weggefährten, war das die Definition von Kunst überhaupt: absolut sich selbst sein, wie es Rimbaud unter grössten Anstrengungen vorlebte – er gerade, der in jungen Jahren das Wort vom «Ich ist ein anderer» prägte. Metaphysisch betrachtet – und Rimbaud muss metaphysisch verstanden werden – ist das möglich. Das ständig von sich wegeilende Ich, das sich überholende, verwerfende Ich, auf der Suche nach dem Absoluten (dem Nichts und nicht etwa Gott, wie die katholischen «Rimbaldistes», angeführt von Paul Claudel, uns glauben machen wollen) begriffen, bleibt in allen Metamorphosen ein unteilbares Ganzes. Rimbaud hat diesen Wahnsinn zu leben versucht, siebenunddreissig höllische Jahre lang.

FLIEG BIRD. – Nachdem der Alt-Saxophonist Charlie «Bird» Parker 1955 im Alter von bloss fünfunddreissig Jahren in New York an den Folgen seiner Alkohol- und Drogenexzesse gestorben war, soll es im Village Tage nach seiner Beerdigung «Bird is alive»-Inschriften gegeben haben. Natürlich lebt er. Genauso wie van Gogh lebt, wenn ich seine Bilder anschaue, Rimbaud, wenn ich ihn lese. Sie leben intensiver weiter als andere Künstler, weil sie ihre Arbeit metaphysischen Gesetzen unterworfen haben, weil sie jung, wild, genial geblieben sind, in unseren Köpfen, Vögel, Flieger im Reich der Phantasie. Ich kann eine Bird-Platte auf den Teller legen, zuhören, wie er das Horn bläst – mit dem härtesten Blatt zwischen den Lippen, wenn ich eine seiner frühesten Aufnahmen erwische. Stählern und strahlend sein Ausdruck, sein Bebop, wie van Goghs Farben, wie

Rimbauds Wörter. Als ich in Paris einen Jugendfreund, den Essayisten Michel Contat nach einem Jazz-Genie fragte, das er am ehesten zu Rimbaud in Vergleich setzen würde, nannte er ohne eine Sekunde zu zögern Charlie Parker. Vergleiche bringen einen immer dann weiter, wenn man der Verführung der Gleichsetzung nicht verfällt, sondern im scheinbar Gleichen oder Ähnlichen das Verschiedene sucht, um so mehr und mehr über die beiden vergleichbaren Gegenstände oder Personen zu erfahren: eine Übung, der wir uns ausgiebig unterzogen. Hier Rimbaud, der als Hochbegabter das französische Schulsystem seiner Zeit nutzt und in der Lage ist, mit fünfzehn vollkommene, aber vollständig epigonale Verse und Reime im Stil der Symbolisten zu verfassen. Die sind ihm nur so aus der Feder geflossen, und er musste sie förmlich gewaltsam aus sich austreiben, musste seine Vorbilder beschimpfen, die ihm Respekt zollenden Lehrer und Bürger verachten, um Rimbaud werden zu können. Dort der als Schwarzer diskriminierte Charlie Parker, auch er ein Frühreifer, Profimusiker im Alter von neunzehn Jahren, für den der Jazz eine der wenigen Lebenschancen überhaupt bedeutete. Auch er wusste den vorhandenen Nährboden – die reiche, von Schwarzen dominierte Musikszene von Kansas City, Blues, Swing, Tanzmusik – zu nutzen. Im Gegensatz zum Lyriker, der als Genie «vom Himmel fallen kann», fällt der noch so geniale Musikinterpret auf die Nase, wenn er nicht die Technik beherrscht. Bird war keine Ausnahme und hat den grössten Teil seines wilden Lebens mit Lernen und Üben zugebracht. Ein Genie. Den Ton, den er seinem Alt-Sax zu entlocken vermochte, gab es vor ihm nicht. Seinem Tempo, das er bösartig anschlagen konnte, um missliebige Konkurrenten zu vernichten, wie es damals in den Jam-Sessions üblich war, vermochte niemand zu folgen. Jazz ist keine einsame Kunst wie das Verfassen von Versen. Den Bebop erfand Bird zusammen mit anderen. Er spielte ihn so, meint Michel Contat, dass dieser Bebop zum Rhythmus bestimmter Philosophien, kultureller und gesellschaftlicher Bewegungen wurde. Im Bebop erfüllt sich das Lebensgefühl der französischen Existentialisten so gut wie der amerikanischen Beatniks. Jack Kerouac hat «Bird» verehrt und liess sich von ihm inspirieren. Contat ist übrigens überzeugt, dass Rimbaud, der während der mit Verlaine verbrachten «Höllensaison» nach Aussage des unglücklichen Freundes gelegentlich obstinat auf dem Klavier herumgehämmert haben soll, eine Art Jazz ausprobierte, in der barbarischen Art Cecil Taylors zum Beispiel.

Und die Drogen? Alkohol, Marihuana, Hasch, Heroin, Kokain, Morphium? Ihr Einfluss auf den «illuminierten» Rimbaud der letzten Dichtungen ist unbestritten. Sie werden vom Dichter thematisiert. Er hat sich ihnen eiskalt verschrieben. Sie bedeuteten eine Stufe im Programm der «Deregulierung der Sinne», die er für unabdingbar erachtete, um zu seinen metaphysischen Zielen vorstossen zu können. Als er das Gift in der zweiten Lebensphase nicht mehr brauchte, verursachte ihm der Verzicht nicht das geringste Problem. Bird verfiel den harten Drogen, wie viele seiner Kollegen. Sie kontrollierten ihn schliesslich mehr als er sie und ruinierten seine Existenz. Es bleibt zu konstatieren, dass die «Deregulierung der Sinne» mittels Drogen, um höchste Vollkommenheit und metaphysische Dimensionen zu erreichen, für das junge Genie eine Möglichkeit bedeutet. Den Rimbauds, die weiter und weiter gehen, bis dorthin, wo niemand mehr ist, den Birds, die besetztes und zur Genüge ausgekundschaftetes Terrain überfliegen, um neues zu entdecken, muss in Stunden der Leere die Droge als Mittel erscheinen, geeignet, einen dorthin zu bringen, wo man hin will und aufgrund normaler Voraussetzungen nicht hinkommt. Drogen, deregulierte Sinne: auch das Genie lässt sich ein Stück weit aus seinem Umfeld verstehen. Rimbauds Pubertät und Adoleszenz fällt in eine «deregulierte Zeit». Die Preussen besetzten seine Heimatstadt, in den Ardennen wurde gekämpft (eines seiner Wandergedichte widmet Rimbaud einem totgeschossenen Soldat, den er im Feld findet) und in Paris verbluteten die Kommunarden, deren Ideale den Jüngling aus Charleville beflügelten. Zu Charlie Parkers Zeiten gehörten die Diskriminicrung der Schwarzen und der Rassismus in einem grossen Teil der USA zu den selbstverständlichen Banalitäten des Alltags. Birds Provokationen, Eulenspiegeleien sind in diesem Kontext zu sehen. Es gab noch nicht die Vertreter des organisierten Widerstandes, Malcolm X, Martin Luther King. Es gab das schwarze Genie Parker, das sich aus Verzweiflung über die existentielle Demütigung, die ihm täglich widerfuhr, selber zerstörte. Und andere mit in den Strudel riss, wenn sie nicht stark genug waren, sich seiner charismatischen Persönlichkeit zu widersetzen oder zu entziehen. Um so spielen zu können wie Bird, dachten viele, müsse man sich dem Heroin verschreiben. Kam man Bird zu nahe, meinte einer seiner Kollegen, lief man Gefahr, ihn «als unheilbare Krankheit» in sich zu tragen. Das gleiche hätte Verlaine von Rimbaud sagen können.

AUFGEFLOGEN, AUS DEM HIMMEL GEFALLEN. – Auf fliegt das Genie, zieht seine einsamen Bahnen, bedroht von allem Niedrigen, Schäbigen, Neidischen, bedroht von den schwarzen Flügeln des Wahns. Das Unglück folgt ihm wie ein Schatten. All die Biographien, die abbrechen, in der Jugend verbrannte Existenzen. Die Rimbaud-Spannung, die sich aus dem «Ich ist ein anderer»-Bewusstsein ergibt, scheint unerträglich. Wenn die poetische Existenz immer nur eine erträumte, ersehnte bleibt und sich die reale so erbärmlich, so grausam eingeschränkt ausnimmt, bricht der Höhenflug ab, aus dem Himmel fällt ein toter Vogel. Ikarus hat sich die Flügel – unzulängliches Menschenwerk – verbrannt. Selten hat jemand den Schmerz einer derartigen Spannung, die zur Führung einer Art Doppelexistenz führen kann, authentischer und erschütternder beschrieben als die amerikanische Dichterin Sylvia Plath, die sich 1963, dreissigjährig, das Leben nahm. Sylvia Plath kommt mir in mancher Hinsicht wie das Gegenteil eines Genies von Rimbaudschem Zuschnitt vor: im Gegensatz zu ihm wollte sie mit allen Fasern ihres Ichs schreiben, eine Dichterin sein, eine idyllische Existenz führen. Und doch ist die Wesensverwandtschaft augenfällig. Wo er revoltierte, versuchte sie mit übermenschlichen Kräften sich anzupassen – und rieb sich dabei auf, bis es nicht mehr ging. In den Gedichten, der Prosa, den Hunderten von naiven und pseudonaiven Briefen an die übermächtige und deshalb verhängnisvolle Mutter zeichnen sich die Konturen einer Doppelexistenz ab – und beide Figuren streben einer verzweifelten Metaphysik entgegen. Hier das brave Mädchen, fleissig bis zum psychischen Zusammenbruch, ängstlich bemüht, nichts falsch zu machen, sich und den andern vorspielend, dass das höchste aller Ziele, Erfüllung, im Schrebergartenglück einer ruhigen Existenz in der Kleinfamilie zu finden sei. Dort die Sprache des Genies, kühne, realistische, atemberaubende Verse, Tabuzerstörungen, Todesobsessionen, das titanische Ringen um letzte Dinge in wild bewegten Wortkaskaden.

DIE TEXTE LESEN. – Die Texte lesen, immer nur die Texte lesen. Plaths «Ariel»-Verse. Ein kleiner Spaziergang durch Rimbauds «Enfer», eine «Illumination», um den Tag zu beleuchten, «Le bateau ivre» als phantastische Schiffahrt, «Génie» zur Einstimmung, die Briefe als Warnung vor Heroisierung und Glorifizierung. Die Texte lesen, immer nur die Texte lesen. Rimbauds Gedichte könnten eben jetzt entstanden sein, sie tragen die Wucht eines Sturms auf dem Meer, eines Gewitters in den Bergen in sich. Das Genie, das sich in ihnen und das sich uns mitteilt, bleibt ein gegenwärtiges. Es atmet, jetzt, in diesen Kürzestformeln, in denen es eine Welt zusammenfassen, überschauen – und verlassen kann. Ohne zurückzuschauen. Ohne Reue.

DÉPART

Assez vu. La vision s'est rencontrée à tous les airs.
Assez eu. Rumeurs des villes, le soir, et au soleil, et toujours.
Assez connu. Les arrêts de la vie. – O Rumeurs et Visions!
Départ dans l'affection et le bruit neufs!

(Aus «Illuminations»)

Es gibt keine erträglichen deutschen Übersetzungen Rimbauds – vielleicht kann es sie nicht geben. Ich versuche es mit einer behelfsmässigen Konstruktion, die bloss Krückenfunktion haben soll:

AUFBRUCH

Die Vision hat sich in allen Sphären wiedergefunden.
Genug gehabt. Genug gesehen. Lärm der Städte am
Abend und in der Sonne und immerfort.
Genug erfahren. Stillstand des Lebens. – Oh Lärm
und Vision!
Aufbruch zu neuen Gefühlen und Geräuschen!

Ich stelle mir Rimbaud immer gehend vor. Aufbrechend ins Neue und Weisse, ins Nichts. Mit einem einzigen Kraftakt alles hinter sich werfend. Verrückt zu denken, dass die Substanz des Dichters Rimbaud, er ganz und gar, in einem derartigen lyrisch-metaphysischen Kraftakt, in den paar «Départ»-Zeilen enthalten ist.

Über die zwei Geschwindigkeiten samt einer mexikanischen Coda

Den Schock kann man sich auf verschiedenste Art verschaffen: bloss (aber genau) hinschauend (mit Vorteil von erhöhtem Standort aus), hinüber- und hineingehend, sich bewegend oder als Fahrender sich bewegen lassend. Ich fange mit einem am Boden ausgebreiteten Plan an, der das Pariser Gehirn in der Mitte weiss ausspart, und darum herum das Labyrinth der Banlieue ausbreitet: eine braune Fläche, das Gebaute, den Beton symbolisierend, durchzogen von unzähligen weissen Strassentrennlinien, grösseren roten Verkehrsadern, den weit ausgreifenden Schlingen der Seine, den engeren der Marne, auslaufend schliesslich in grüne Flecken, Wiesen und Wälder der Ile de France. Zwischen Stadt und Land – Niemandsland. Bewohnbare Waben, die, nach dem Zweiten Weltkrieg auf den Reissbrettern der Urbanisten entworfen, Betonkörper bekamen, sich sofort weiterzuzeugen begannen, zuerst noch einer strengen, auf Symmetrie und rechte Winkel achtenden Ordnung gehorchten, dann kreuz und quer in die Landschaft gesetzt, mittels Strassen durchschnitten wurden, um sich schliesslich als Steinkrebs zellenhaft in jeden verfügbaren Winkel auszudehnen. Was auf dem Plan hübsch aussieht, bei zusammengekniffenen Augen an ein Spinnennetz, einen vergrösserten Insektenkopf, eine Gesichtslandschaft mit runzliger Haut denken lässt, ist in Wirklichkeit zur selbstfabrizierten Hölle geworden. Es gibt in der Pariser Banlieue wie im Weltall das Phänomen der «schwarzen Löcher», Zonen, die nicht erforscht, über die nicht berichtet werden kann, weil sich niemand mehr hingetraut – auch die Polizei nicht. Dort, wo noch Hoffnung auf Änderung der Zustände herrscht, ist vor einiger Zeit damit begonnen worden, Blöcke, Türme, in denen Menschen wie Kaninchen gehalten werden, zu sprengen. Am Bildschirm sieht das eindrücklich aus. Ein Donnern, ein Beben, dann sackt so ein Riesending langsam in sich zusammen, zerbröckelt wie Sandstein in der Hand, verschwindet in einer Staubfontäne. Tröstlich immerhin, dass es auch für solches Gift ein Gegengift gibt, dass der für die Ewigkeit armierte Beton ein paar Plastikbomben nicht zu widerstehen vermag und wir uns also keine unnötigen Sorgen um Bauruinen des 20. Jahrhunderts machen müssen.

Zwischen Stadt und Land das Niemandsland. Im Norden und Nordwesten von Paris kann ich es sehen, wenn ich der Seine entlang spaziere, vom Bois de Boulogne, über Neuilly sur Seine ins adrette Levallois gelange, wo die Büros mit verspiegelten Fassaden aus dem Boden schiessen und der dazu passende, mit Wettkampferfolg praktizierte Sport, Basketball, in der neuen Mehrzwecksporthalle zum Stolz der Gemeinde geworden ist. Das Land der Niemande und Habenichtse, der Fabrikarbeiter und Immigranten fängt jenseits des Flusses an, schneidet sich gleich mit trostlosen Häuserzeilen in die Erinnerung ein. Ich brauche nur eine Brücke zu passieren und bin mitten drin. Oder ich fahre mit der Métro hinüber nach Gennevilliers, St. Denis, in den ehemals intakten, jetzt vielfach durchbrochenen «roten Gürtel» von Paris, in dem noch Strassen- und Platznamen an die Zeit des real existierenden Sozialismus sowjetischer Provenienz erinnern, schaue an fleckigen Schulhauswänden hinauf, zähle die verdreckten, fast schon blinden Fenster, ruhe in einem Café aus, lasse mir von einem Algerier mit narbigem Gesicht etwas servieren, sehe durch einen Spalt ins ärmliche Hinterzimmer, in dem gewohnt und genächtigt wird, spaziere weiter, lasse mich mitnehmen von einer mehrheitlich weiblichen, maghrebinischen Menge, die im Einkaufszentrum verschwindet; Bazarstimmung, leuchtender Ohrschmuck, gelbe und blaue Tücher, Kinder auf Rollschuhen, Rollbrettern, die weisen Kabylen mit den weissen Käppchen sinnend am Strassenrand, rote Gesichter, fleischige Nasen und die fahrigen Gesten der mitteleuropäischen Alkoholiker, in den Hausgängen flackrige Blicke, vorbeihuschende Gestalten. Ich kehre um. Andere Male – aber in kundiger Begleitung – stosse ich tiefer ins Labyrinth vor, nach Aulnay sous Bois, nach Clichy sous Bois, nach Sevran und Montmorency, ins wahre Herz der Finsternis, wo kaum mehr Hoffnung übrig ist und die Betonschlangen ihr krankes Gesicht zeigen (das hier und da, zur Tarnung von der sich niemand täuschen lässt, mit Farbe verschmiert sein mag). Relativität der Wahrnehmung: wenn der Blick von der Stadt aus über die Seine Niemandsland auszumachen glaubt, so erscheint dieses gleiche Niemandsland an seinen Rändern, aus dem Herzen der Finsternis und Hölle, aus den Innenhöfen zwischen den Wohnsilos heraus betrachtet, schon wieder als Stätte der Verheissung.

Das, was hier vorliegt und vorfällt, Splittung einer Wirklichkeit in übergangslos aneinander anschliessende Zonen, belegen die Franzosen mit einem seltsamen Ausdruck, den sie leichthin auf alles und jedes anzuwenden pflegen: sie sprechen von «deux vitesses», zwei Geschwindigkeiten. Tatsächlich ist die Brücke über die Seine im Wortsinn ein «Übergang» und auch wieder keiner, trennt sie doch die beiden Sphären klar voneinander ab, während sie sie verbindet; mit der Métro aber lässt sich dieser Übergang vollständig verwischen. Stadt- oder Zonenentwicklung in zwei Geschwindigkeiten. Der Begriff wird im Politischen, Soziologischen und Ökonomischen, in der Moral und Kunst, in Praxis und Theorie gebraucht. Das wertneutrale Wort «Geschwindigkeit» hat den Platz der wertenden «Klasse» usurpiert. Statt oben und unten, reich und arm, priviligiert und diskriminiert sagt man jetzt schnell und langsam. In Paris lehrt der führende Geschwindigkeitstheoretiker, Paul Virilio (von Haus aus Urbanist). Im TGV-Tempo pflügt er eine schnurgerade Linie in sämtliche Felder, die er untersucht: das Schnellere unterwirft das Langsamere, wer über die schnelleren Produktionsmittel verfügt, erzielt mehr Gewinn, Schnelles lebt nur so lang als es kein noch Schnelleres gibt, also immer nur auf Zusehen hin, Langsames ist, wenn als solches erkannt, gleich zum Tod verurteilt. Geschwindigkeit misst sich in Zeiteinheiten, und die Zeit besiegt den Raum. Das Gebot der Stunde heisst Übermitteln, Informationsvermittlung nach allen Seiten; dahinter gerät das Organisieren des (Lebens)raums, der (Erd)oberfläche hoffnungslos in Verzug.

Was sind das für Sätze? Nicht meine spontanen jedenfalls (ich lasse sie stehen). Und sie öffnen auch bloss einen Spaltbreit die Türe zu jenem planetaren Computerraum, in dem sich die Programme der Staatsentwicklung mit jenen des Alltags paaren,

Börse und Markt und Konsum (kollektiver und individueller, Fussball und Sexualität) mit Ideologie und Macht und Gesetz. Eingetippt die Befehle, abgerufen die Programme – gleich lässt sich alles am Bildschirm anschauen. Ich weiss gar nicht, ob das Leben wirklich anderswo ist. Der Zombie an irgendwelchen Tastaturen, die ihm die Welt in die Stube hineinprojizieren, wann er will, so oft er will – in dieser Figuration erkenne ich mich nicht, noch nicht. Auch kommen mir angesichts solcher Gedankenspiele mit allen Konsequenzen immer nur das Unzulängliche, Unvollkommene, Unscharfe, der Wurm im System, die abgestürzten Texte, die Kurzschlüsse, Hirn- und Herzstillstände, das Aussteigersyndrom, Wirrnis und Wahn in den Sinn. Die französischen Geschwindigkeiten bleiben mir gegenwärtig. Stets spüre ich sie beide, nehme sie dualistisch oder dialektisch wahr. Bei mir so gut wie bei anderen – und im anderen. Das Schnelle, das Langsame. Sich bekämpfend und störend. Gleichzeitig oder in übergangsloser Folge. Lebbar als Dissonanz, als Rhythmuswechsel. Zwanghaft?

Am Langsamen erstickt das Schnelle wie in einer aus Watte errichteten Wand, die gleichgültig alle Bewegung zum Stillstand bringt, Geräusche auslöscht, Energie ausschaltet. Umschlagsplätze von Schnell zu Langsam, bei gelegentlicher Wahrung beider Geschwindigkeiten, die dann streckenweise aufs Ergötzlichste parallel zu laufen scheinen, bietet die Pariser Bürokratie in Hülle und Fülle an. Es kommen die Verwaltungen und Regierungen einer Riesenstadt, einer bevölkerungsreichen Region, einer zentralistisch regierten Nation zusammen. Hinter den prächtigen Fassaden der Ministerien und Quartierrathäuser, der Polizeipräfekturen und Steuerbehörden dehnen sich öde Bürolandschaften mit ihren schmutzigen Vor- und Wartehallen, prunkvollen Treppenhäusern mit abgeschabten roten Teppichen, die über die Stufen hinaufkriechen und kaum mehr den Schritt zu dämpfen vermögen, über Hunderte von Hektaren aus. Im neuen Finanzministerium in Bercy, aber auch in der alten Präfektur der Ile de la Cité benötigt man einen Plan, um das Büro zu finden, in das man vordringen möchte.

Einer Reise in die Tristesse und Schäbigkeit gleicht der Besuch bei den «Renseignements Généraux» im Innenministerium. Vorne, an der Place de Beauvau, residiert in Glanz und Gloria der Herr des Palastes, das Westentaschenmodell eines Sonnenkönigs im Vergleich zum veritablen im Elysée gegenüber, in den Hinterhäusern und -zimmern fängt die Welt Kafkas an. Einer Vorladung folgend, führt mich mein Weg an seltsamen, von untrainierter, halb analphabetischer Hand beschrifteten Räumen vorbei, aus denen Rauchschwaden fliessen und in denen sich mehr oder weniger uniformierte Männer und Frauen mit Pistolen im Halfter, schmierigen Sichtmäppchen unterm Arm an den Wänden herumdrücken, grinsend, sich Witze erzählend. Am Bestimmungsort angelangt, hält mich eine höfliche Beamtin auf Distanz von ihrem Bürotisch, auf dem abgesehen von ein paar Schreibtischgeräten aus der Bürovorvergangenheit – Leim, Schere, Manuskriptpapier, Kohlepapier, aber keine Schreibmaschine – eine Akte liegt. Meine Akte. Versteckt unter einem vom vielfachen Gebrauch fleckig gewordenen Umschlag aus ein bisschen festerem Papier. Sie liest mir vor, was drin steht, es ist fast alles ein bisschen falsch, ein wenig ungenau, eine Spur neben der Wahrheit recherchiert. Die gesammelte Kurzprosa würde wahrscheinlich ausreichen, um mich dingfest zu machen, aber nicht, um mich zweifelsfrei zu identifizieren. Die «Renseignements» sitzen im Trüben auf Klappstühlen und blättern lustlos in Revuen. Ch. K. hat mehr Glück als Josef K., es wird kein Prozess gegen ihn eröffnet, Ch. K. ist sauber, alles o.k., der Aufenthaltsgenehmigung steht nichts mehr im Weg, au revoir. Beim herzlichen Abschied schauen die missmutigen Herren von der staatlichen Beobachtungsgilde kurz auf, nicken und senken die Köpfe sofort wieder in ihre Revuen. Ein Blick in die zuklappende Akte zeigt mir einen Haufen von Zetteln, handgeschriebene Notizen und ziemlich schwarze Fotokopien. Mag auch das Schnelle noch so sehr der Feind des Langsamen sein – hier, im Hinterzimmer des Innenministeriums, verliert es vorderhand seine Schlachten. Hier pocht man hartnäckig auf Handarbeit. Hier hält man nichts von Elektronik und Computer, weil man die entsprechenden Apparate nicht besitzt und sie nicht zu bedienen wüsste. Hier triumphieren das Umständliche und Zögerliche, Willkür und Zufall. Hier bleibt die Effizienz, was sie ist, ein Fremdwort. Ich müsste lügen, wollte ich behaupten, dass mir dieser Anschauungsunterricht in unzulänglicher Bürokratisierung der Person missfallen hätte. Das Langsame an so einer Stätte der Entfremdung, für das Objekt der Untersuchung spontan als humoristisch getränkte Lebensqualität erfahrbar, stärkt die humane Komponente des Registrierungsvorgangs. Ich bin datenmässig nur sehr unvollkommen erfasst – also bleibe ich ein ungesichertes Individuum und also bin ich.

An einem Schalter der Verwaltung, an dem in Zeitlupe eine Schlange von Kunden vorbeizog, traf ich, als die Reihe an mir war, auf eine schnell-langsame Beamtin. Da liefen nun eben die «deux vitesses» ein Viertelstündchen lang parallel nebeneinander her. Meine ausgefüllt abgelieferten Formulare wurden auszugsweise von Hand in ein Bordereau übertragen, wie ich es von Abbildungen alter Kontore her kenne. Dann aber drehte sich die Dame auf ihrem Sessel zu einem Computer hinüber und beförderte in Sekundenschnelle alles, was in ihrem Amt über mich gesammelt worden war, auf den Bildschirm. So bin ich doppelt gesichert. Einmal langsam, einmal schnell. Und immer noch gleich fehlerhaft.

Einer meiner Freunde, ein pfeilschneller Fotograf, mit Energie für zwei gesegnet, die es ihm ermöglicht, seine am Ort des Geschehens skrupulös und kräfteraubend geleistete Qualitätsarbeit sofort in eine Ware zu verwandeln und sich um ihre Kommerzialisierung zu kümmern, schaut in einer Mischung aus Faszination und Verzweiflung das Bild an, das eine programmierte Kamera vom Embryo im Bauch seiner Frau geschossen hat. Solche Kameras, meint er, die unter die Haut des Geschehens, jeden Geschehens fahren, wird man bald überall installieren können. Ihre Bilder werden vollkommen und den meinen überlegen sein. Ich werde brotlos werden. Das menschliche Auge, die menschliche Hand als die Langsamen, Roboter und Computer als die Schnellen.

Am «Tati»-Warenhaus vorbei treibt mich der Menschenstrom, vorbei an den Musik- und Kleiderläden der Algerier und Marokkaner und Senegalesen, hin zum afrikanischen Markt im 18. Arrondissement. Später Nachmittag, und das Quartier vibriert. Hektik, die grossen Bewegungen der Matronen beim Gemüseeinkauf, im Türrahmen ihrer Geschäfte wiegen sich dünne Algerier zu Rai-Klängen, und vor den Telefonkabinen stehen sie Schlange. Der Alltag hier hat Würze, Farbe – und Tempo. Redeschwälle, Wortkaskaden, kehliges Lachen. In jeder Ecke zeigt das Elend seine Fratze. Da pisst einer an die Hauswand. Da beisst einer in seine Baguette. Da lauern Zerlumpte am Métroausgang. Die Armen, Entwurzelten, wie Schiffwracks Angelandeten, die Unerwünschten, Missbrauchten, Verbrauchten, Versklavten, Heimgesuchten, Bestgehassten berauschen sich am Lärm, an hitziger Aufregung und knalligen Gesten. Fremdbestimmt leben sie nervös und schnell – im Langsamen. Nichts ändert sich für sie. Der Überlebenskampf fordert alle Kräfte und erfüllt sich in einem Haufen festgelegter Gewohnheiten, die keine Abweichungen vertragen. Ihren flehenden, gierigen, herumirrenden Blicken eröffnen sich keinerlei Perspektiven. Ihre Wünsche und Hoffnungen bleiben jahrelang die gleichen und gehen nie in Erfüllung.

Im 7. Arrondissement, an der Avenue de Saxe, gibt es wohl auch die portugiesischen Conciergen, die eilig an den Ständen ihrer Landsleute Fisch und Gemüse kaufen, ihre Taschen, Wägelchen füllen und nach Hause hasten. Marktbeherrschend aber bleiben die verwöhnten Geniesserinnen, die den Kaufakt ritualisieren: mutwilliger und spielerischer Rückfall in archaische Gewohnheiten, Suche nach dem «fromage artisanal», dem mit Erdklümpchen versetzten Salatkopf, den am frühen Morgen gepflückten Gartenhimbeeren. Hier werden nicht Lebens- und schon gar nicht Überlebensmittel eingekauft, sondern handverlesener Luxus, kritisch begutachtete Spitzenerzeugnisse der Landwirtschaft, am liebsten der regionalen. Man hält die Illusion einer vorindustriellen Epoche aufrecht und sympathisiert mit der klobigen Holzkassette, in die die Gemüsefrau ihre Münzen wirft. Ruhig kauft man ein, lässt sich Zeit beim Betrachten und Befingern der Ware. «Marktbummel» kann das heissen, was Madame am Donnerstag unternimmt. Nichts arbeitet schneller (und geräuschloser) als das Kapital. Das schnelle Geld fordert ultimativ schnelle Wunscherfüllung, die Moden wechseln im Nu und setzen Anpassungsfähigkeit in hohem Mass voraus. Bei den Geldverdienern des 7. und ihren Frauen hat die Sehnsucht solche Namen: Musse. Ruhe. Und als Paradox – ein Stück unbegrenzter Zeit, wenn es das gäbe. Das Langsame als Luxus des Schnellen. Wer schnell viel verdient hat, sehnt sich danach, langsam zu verzehren, die schönen Stunden anzuhalten. Wirklich? Er wird es meist nicht fertigbringen. Es bleibt bei der Sehnsucht.

Es gibt im Meer diffuser Erinnerungen gestochen scharfe Bilder, die wie Segel durchs Wasser pflügen, Form und Farbe nicht verlieren, auch wenn Himmel und Horizonte tausendmal gewechselt haben. Arglos sitze ich in den Sechzigerjahren in einem Drittklassbus, der mich im Süden Mexikos von der Pazifikküste hinauf nach San Cristobal de las Casas bringt, ins Zentrum der Indios von Chiapas. Der Chauffeur zieht das klapprige Gefährt der Landessitte gemäss in halsbrecherischem Tempo durch enge Kurven den Berg hoch, neben ihm kauert ein halbwüchsiger Copilot und hindert ein wichtiges, freiliegendes Kabel am Herausspringen aus einem lottrigen Stecker. Der mit Mestizen und dem Schweizer Paar halb gefüllte Bus stoppt abrupt mitten in der Natur, der Chauffeur öffnet die Türe. Draussen steht eine kleine Gruppe jenes zierlichen Stamms der Zinakanteken, wenn's mir recht ist, mit den muskulösen nackten Beinen, die in Huarachas stecken, den bunten Oberkleidern, Hemden, Ponchos, den spitzen Kappen, den Säcken mit Gemüse, Getreide, dem gefesselten Geflügel, Waren, die sie auf dem Markt von San Cristobal verkaufen wollen. Stumm strecken sie dem Chauffeur ihre Pesos entgegen, der nimmt sie und sagt, bevor er ruckhaft anfährt, in einer unnachahmlichen Mischung aus Gemütlichkeit und herrischer Autorität: «Indios atras», Indios nach hinten. Die kleinen Zierlichen mit ihren Säcken verziehen sich an den besetzten und den leeren Sitzen vorbei in den hintersten Teil des Busses und bleiben dort, eng zusammengedrängt, stehen, tuscheln melodisch, in ihrer Sprache, kichern. Über Rassismus, so glaubte ich damals, war ich vollständig im Bild, da brauchte mir niemand etwas zu erzählen. Nur war ich nie vorher Zeuge einer derartig gleichmütigen Demonstration geworden, die sich mit zwei Wörtern begnügt und von den Opfern widerspruchslos akzeptiert wird. Mir ist kein brutalerer Anschauungsunterricht in Sachen «deux vitesses» vorstellbar als derjenige des sich mit grösster Selbstverständlichkeit manifestierenden Rassismus. Wobei es, um der Klarheit willen, damit sich auch niemand einer milden Selbsttäuschung hingebe, in dieser so weit und so tief reichenden Domäne menschlichen Verhaltens von Vorteil bleibt, die neutrale «Geschwindigkeit» wieder durch die gute alte «Klasse» zu ersetzen.

«Ohhh», lachte sie und er keuchte «aaai»

Ein anekdotisches Zusammensetz-, Vexier- und Verwirrspiel in 100 Teilen; Ort: Bois de Boulogne; Epoche: vor der Säuberung; Zeit: Samstag, abends bis nachts.

1
Sie ist berauscht. Vom Wein, vom Bois, vom Pfau im Baum. Frenchie schreibt's seinem Frenchie-Charme zu. Recht mag er haben.

2
Und unter all den zwitterhaften, sich ins Weibliche sehnenden Männern eine, die nicht dazugehört. Majestätisch schreitet Jeanne, die Mulattin, durchs niedere Gebüsch. Von hohem, schlanken Wuchs, schüttelt sie ihre schwarze Mähne, dass sich die Locken wie Schlangen umeinander ringeln. Augen gross wie Suppenteller, Lippen aus Blut, über denen ein halb einladendes, halb verächtliches Lächeln spielt. Eine Fleischfresserin. Den kleinen Charles zieht's mit magnetischen Kräften hinter ihr her, heute wie gestern, und morgen wird er's wieder tun.

3
Tiefe Befriedigung empfindet Marcel über den Umstand, der es ihm erlaubte, als Kellner im «Châlet des Iles» unterzukommen.

4
Die Kinder auf ihren Drei- und Zweirädern sind weggefahren, die Mütter mit den scharfen Stimmen

verstummt. Jetzt kreist ein Laserstrahl im Gewölk, fahle Lichtstreifen beleuchten sekundenlang die Schattengestalten des Bois. (Randstück)

5
Sie küssen sich da oben am Holzgeländer, kleben und saugen aneinander. Dazwischen wird heimlich geblinzelt. Heisse Blicke schiessen wie Raketen ans Ufer.

6
Französisch würde man sie als «allumeuse» bezeichnen. Mit glänzenden Augen, überaus schelmisch schaut sie aus den weissen Spitzen, die sich im Decolleté um ihre Brüste kräuseln. Frenchie trägt leichtes Sommergrau, wippt aufgeregt auf dünnen Ledersohlen. Das Schiff trägt sie im Nu auf die Insel.

7
Der Bois, wie er dem Zeichner erscheint. Poetisch. Die beiden lassen sich von starken Rosendüften überwältigen, pressen ihre Hände ineinander, schauen und schauen. Des Zeichners Poesie, um Duft, Vegetation, Wasser vermehrt.

8
Die andere spielt in Paris und lautet so: «Im Juni 1942 geht ein deutscher Offizier auf einen jungen Mann zu und fragt ihn: ‹Verzeihung mein Herr, wo befindet sich der Place de l'Etoile?› Der junge Mann zeigt auf die linke Seite seiner Brust.»

9
«In Wirklichkeit», flüstert Marcel, am Tisch der beiden stehend und sich vertrauensvoll dem Austernschlürfer zuneigend, «war die Guermantes so wenig eine duchesse wie Ihre reizende Begleiterin – oder

ich». Sie lacht aufs Geratewohl und Frenchie nickt beifällig. Er hat's geahnt.

10

Georges stellt sich vor, wie er den Bois in einem Text ohne Punkt und Komma beschreiben würde; dann in einer Textmontage aus lauter Dialogfetzen; schliesslich als Puzzle.

11

Es gibt etwas, was auch die sternigste Stunde unter Pariser Himmeln zu beenden pflegt, unweigerlich. Nicht der Uhrzeiger natürlich, sondern ein Flugzeug. Weshalb sollte der Bois ausgenommen bleiben? (Randstück)

12

Die Zwergin Marguerite, ewig jung, ewig liebend, huscht am Arm eines Dandys über den Kies. Eingehüllt in eine Art Poncho, wie ihn die Indios des peruanischen Hochlands tragen. Siebzig Jahre und kein bisschen weise. Härte in den Augen, als sie das Rallye erblicken muss. Der Dandy flüstert ihr was ins Ohr. Liebesworte? Wie fragil erscheint sie plötzlich.

13

«Sweet little Frenchie», sie stöhnt es leise, fast ohne Atem und auch ein bisschen komisch-gerührt. Er sucht verzweifelt nach Englischem in seinem Hirn, wird nicht fündig. Wörter fliehen, Wörter vergehen, Wörter wollen sich nicht bilden, so küsst er sie in hilfloser Verzweiflung.

14

Marcel liebt das Treiben am Ufer. Ist er ein Voyeur? Vor Ratten aber graust ihm über alle Massen. Im Knabenbordell, traurig zwischen den Leintüchern liegend, musste er den Blick abwenden, als ihm an der Tür, zum Zweck der Ergötzung, ein Körbchen präsentiert wurde, darin sich hungrige Ratten befanden, vom Lustknaben mit Nadeln zum Übereinanderherfallen animiert. Marcel blieb kalt. Entgegen den Berichten lügnerischer Chronisten hat er den Rattenfänger weggeschickt.

15
Männer, Frauen, von beiden etwas. Füsse und Hände halten sie versteckt, so lang es geht, die sind zu gross. Traumwesen aus Brasilien. Aus Kolumbien. Künstlich hochgeschraubte Stimmen, ein gutturales Französisch, das die Wortspitzen abrundet. Sie trippeln und schwanken und schmachten auf hohen Hacken. Wie Schiffe in Seenot. Wie Flamingos im Zoo.

16
Es gleiten und nesteln und zerren und reissen und zittern und streichen und streicheln und ziehen und fahren 1000 Hände den Stoffen, den feuchten Häuten entlang, hügelan, rippab, in die Haare und weiter.

17
… und kann die Auflösung des Themas in die farbigen Punkte des mathematischen Seurat erlebt werden. Der Bois zwischen Tag und Nacht, flimmernd. (Randstück)

18
Was meint Marcel? Den «boeuf à la mode du chef» gibt es heute nicht, der ewige «saumon» langweilt. So empfiehlt Marcel – aber man muss das schon mögen – zartes Hirn, vom Kalb (vermutlich), fürs erste. Doch ist das Paar auf Austern aus. Ein Aphrodisiakum.

19
Aus dem Gehölz hört man's tuscheln und knistern. Das ist ein beständiges Gehen, ein Schleichen. Stikkige Luft. Kein Hauch. Sie stelzen zwischen See und Düsternis, die Langen. Dazwischen huschen und hasten kleine Dralle über die Allee. Nach den verdriesslichen Müttern die Brüder und Schwestern, lüsterne Nachtgebetaufsager. Und die Schwärmer. Und die Neugierigen. Und die Müssiggänger. Die Abenteuerlustigen aus der Provinz. Kurzgeschorene Soldaten im Urlaub. Gestrandete Ostflüchtlinge. Rumänische Zigeuner verlassen in der Dämmerung ihre Zelte, um noch einen Beutezug zu wagen. (Randstück)

20
Charles gilt als weitgereist. Halbwahrheit. Legendenstoff. Aber den Albatros hat er gesehen auf seiner unfreiwilligen Reise in die Kolonien, die ihn über den afrikanischen Kontinent hinaus nach St. Maurice und auf die bourbonische Insel geführt hat, damals.

21
Von der Rue Dombasle, seiner jüngsten Pariser Adresse, schleppt sich Walter her, schwer atmend, Pausen einlegend, um das Herz zu schonen. Die Brille ist neu, die Lage verzweifelt. Doch kann er sich nicht erinnern, dass sie je anders gewesen wäre. Der Geist, sein feiner, unirdischer Geist, der überlegene, hat sich längst selbstständig gemacht. Dem Körper nurmehr sehr lose verbunden, schwebt er eigene Wege. Noch schärfer als sonst, halluzinatorisch schauen die Augen unter der neuen Brille ins Leere der Welt, die sie im Vorbeiziehen neu erfinden.

22
Übergang vom Naturhaften ins Zivilisierte, vom Wald in die erleuchtete Strasse. Dazwischen liegt ein bisschen Wasser. Charon soll die letzten Gäste fahren. Wehe dem, der aus dem trüben Wasser trinkt.

23
Georges mit dem luftigen Haarkranz, dem Bärtchen, das ihm wie struppiges Gras am Kinn klebt, trägt eine Katze mit gespitzten Ohren auf der Schulter. Wappentier. In Zagora (südliches Marokko) wollen ihn zwei Personen aus einem Roman (den er selber geschrieben hat, freilich nicht mehr fertig) gesehen haben. Die Verwirrung darf möglichst total sein.

24
Bilder und Texte als Puzzleteile. Die Aura von Wörtern ist mit derjenigen von Formen und Farben nicht zu vergleichen. Sie erheben, kaum gesprochen, frisch geschrieben, schon Anspruch auf die dritte Dimension. Und können eine vierte ahnen lassen (wo uns doch schon die dritte vor unüberwindliche Schwierigkeiten stellt). Ganz zu schweigen von den Assoziationskräften.

25
Ein Rallye. Das Abfahren enger Strassen, malerischer Ortschaften der Ile de France dient begüterten Familien als Vorwand zur Anbahnung zarter Bande zwischen ihren heiratsfähigen Sprösslingen. Treffpunkt beim Einnachten im «Châlet des Iles», reservierter Saal, Champagnerbuffett draussen, wenn's die Witterung erlaubt. Kinder willkommen, für Aufsicht ist gesorgt. Tenue sportlich-festlich. (Randstück)

26
«Que bonitos ojos tienes»; den mexikanischen Ohrenwurm, Liebeslied aller Stenzen und Zeiten, könnte er sich als Ständchen vorstellen. Aber dazu bräuchte er Mariachis. Sie lacht über ihren kleinen, süssen Frenchie, und er, mit der flinken Zunge eines Seemanns aus Veracruz: «que bonitos ojos brown tienes ...»

27
Die Punkte vereinigen sich bei zusammengekniffenen Augen zu Bändern, die Bänder zu auf- und abwogenden Flächen. Jetzt verblassen, verschwinden die Farben, lassen Hell-Dunkel-Kontraste übrig, jetzt breitet sich unendliches Violett aus. (Randstück)

28
Es verdämmern, verschwinden in mitleidsvollem Abendlicht die Pinienstümpfe, die niedergekrachten, von der Trockenheit heimgesuchten, von Insekten ausgehöhlten und zerfressenen Stämme. Die Wüste lebt.

29
Dass es ein Rallye braucht, um Hochzeiter zu finden. Oder eine Hochzeit, um aus einem Rallye Kapital zu schlagen. Oder Rallye und Hochzeit, um sich standesgemäss fortzupflanzen.

30
Fragonard versteckt den Pavillon im Hintergrund seiner Zeichnung. Die Szene wird mit grossen Bäumen dekoriert, deren Äste gar sperrig in den Himmel ragen, während das Laubwerk zierlich Luft und Liebe schmückt. Was da undeutlich zwischen zwei

Stämmen ins Bild ragt, könnte eine griechische Göttin sein – ein Hündchen springt durch die Allee.

31
Mitten drin im Samt der Nacht aufgeregtes Vogelgezwitscher, das anhebt, ausbricht – abrupt verstummt.

32
Der Laserstrahl kreist, wirft Lichtstreifen an den Himmel, die sekundenlang eine Blattrippe, einen Blütenkelch aus der Dunkelheit schneiden.

33
Er hängt an ihren Augen, dann an ihren Lippen mit seinen Augen, dann richtig.

34
Drücken sich heftig aneinander, graben sich tief ineinander ein.

35
Jetzt ist auch das Pistacheeis, der Cassissorbet (mit Champagner) verschlungen, die Kaffeetassen leergetrunken, die Rechnung beglichen. Sie möchte noch ein Vittel, er hört den Nachtgeräuschen zu. Langsam entfernen sie sich, verschlungen die Arme, die Hände, der Pfau ist weggeflogen.

36
Im allgemeinen meidet Charles den Bois. Zuviel Natur. Auch wenn sich's um gefälschte und gezähmte handelt. Er zieht es vor, im Dschungel der Grossstadt zu leiden.

37
Frenchie wird von Abenteurlust, dann von Lust an sich gepackt. Die wahre Sinnlichkeit.

38
Marguerite, auf Entzug, weiss nicht, ob sie lebt oder zu leben meint. Eine Somnambule. Weiss nicht, ob das Leben ein Traum oder der Traum ein Leben sei, ob sie als Tote fühlt oder als Scheintote, ob sie als Lebendige noch zu sterben hat oder als Tote aufzuerstehen. Eines bleibt gewiss: es wird Literatur daraus.

39
Im Lauf der Zeit ist Marcel der Schmerz des Erzählers über das verpasste Liebesabenteuer samt Kutschenfahrt durchs Bois und chambre séparée im Châlet abhanden gekommen. Es kam damals statt der Geliebten bloss ein Telegramm mit ihrer Absage. Längst hat die Zeit ihr Werk vollendet.

40
Das Bois-Spiel muss unzulänglich und unvollkommen bleiben wie alles, was wir literarisch anfangen, nach mathematischen Gesetzen unzulänglich und unvollkommen bleiben wird.

41
Sie dreht sich nach ihm um, lacht ihn an, herausfordernd, wirft einen schnellen Blick in die Runde und hebt ihren Rock, während sie sich langsam dem Ufer zuwendet und an die Brüstung des Geländers lehnt. Ihm stockt das Blut als sie gemächlich nach hinten greift und ihn an sich zieht.

42
Verblassend die Stadt im sommerlichen Abenddunst, der auch Smog heissen kann. Der Himmel, so pariserisch hoch oben, färbt sich schmutzigorange, gelbgrau, blau, blauschwarz, schwarz. Im Bois. Wechsel aus der endlichen Stadt in die unendliche Nacht. (Randstück)

43
Nacht als angsteinflössende Ewigkeit, Finsternis, die wie ein Deckel über dem Bois liegt. Da scheint der Mond unter dem Gewölk auf, zerreisst die Spannung.

44
Es darf auch die Gleichzeitigkeit als Stilmittel ausprobiert werden. Zeitkompression wie im Theater. Zeitlüge als Folge der Spielanordnung.

45
Ein kühler Brouilly füllt die Gläser. Frenchie hat ausgesucht, ohne zu fragen. Sie scheint mit allem glücklich, was rot aussieht und nach Wein schmeckt.

46
Ein Betrieb ist das, die beiden ans Geländer Gelehnten können sich nicht sattsehen – Voyeure. Die Temperatur steigt, als ob sie Fieber hätten.

47
Nacht als Schleier, den Körper des Bois mildtätig aber unzureichend verhüllend, so dass die Baum- und Wasser-, die Asphalt- und Erdblössen kokett aufblitzen.

48
Nacht über dem Bois, weich und parfümiert wie Frauenhaar, unendlich wie der Ozean.

49
Von Georges stammen die Spielregeln, doch sind sie im Laufe des Prozesses bis zur Unkenntlichkeit abgewandelt worden.

50
Ich möchte das jedenfalls nicht zusammensetzen müssen. (Herzstück)

51
Tropennacht mit einer Spur Feuchte in der Luft. Das Schnarren der Enten. Ein heller Fleck (ein Paar) durchquert die Insel, zwei Figuren eng umschlungen. Tropennacht, betäubend in der Süsse der Düfte.

52
Wie sie die Austern schlürfen und das Meer dazu. Mit Zitrone.

53
Zwischen den Autos bewegen sich Umrisse, hochbeinige Traumwesen. Gürtelbreite Minis, farbige Tops, entblösster Nabel, die kräftigen Schenkel über den rasierten Schienbeinen. Unterm Neglige tragen sie einen mit Bändern befestigten cache-sexe, dünne Mäntel werden auf- und zugebunden. Blendende Silikonbrüste, blitzende Zähne, Herzlippen unter schwarzen und blonden Perücken.

54
Die letzten Rallye-Gäste brechen auf, schwanken über den Kies zum Schiff, lärmen und lachen auf dem Wasser und lassen die Motoren ihrer Autos aufheulen. Zufriedenheit breitet sich auf dem Gesicht Madame Verdurins aus. «Es liegt was in der Luft», flüstert sie mit rauher Stimme, so dass es auch die Enten und Schwäne hören, «es bahnt sich was an, ich sag's euch.» Hochzeitsglocken, ein Stamm wird überleben.

55
Schliesslich kommt's zu einem Fischessen. Nach den Austern gebratene Seezunge, dazu teils gratiniertes, teils püriertes Gemüse und Kartoffelcroquetten. Ordinär (was die letzteren betrifft). Marcel kann sich eines feinen Lächelns nicht erwehren.

56
Die paar Schritte über die Brücke – und es ist, als ob sie in einen Urwald eindringen würden. Der Teich wie eine Lagune, Pappeln, Weiden wie Mangroven, die rotgrünen Wasserreflexe eines neonerleuchteten Kioskwagens wie ein Sonnenuntergang, die kugeligen Büsche wie schlafende Raubtiere, die Steingrotte wie der Eingang in die Unterwelt.

57
Allmählich hat sich das Rallye in eine euphorische Stimmung hineingeschlemmt. Insulare Freuden. Was draussen ist, sinkt in Vergessenheit, das Châlet bietet Schirm und Schutz.

58
Sie kennen sich. Mehr nicht. Nicht lang, nicht gut. Frenchies Englischkenntnisse stammen aus Songtexten, das macht ihn zum Poeten. Sie, ein liebreizendes american girl, steuert selbstvergessen das Ziel französisch-exotischer Wünsche an.

59
Das Tollen, Springen, Hecheln, Heulen und Bellen der 100 000 Samstagshunde, die Herrchen und Frauchen hinter sich her zerren, hat ein Ende gefunden und die Boule-, Faustball-, Fussball-, Federballspieler sind nach Hause gefahren.

60
Am Ufer drüben huscht's und geht's ununterbrochen weiter. Klappen, Klappern der Stöckelschritte, dann und wann ein helles Lachen.

61
Eine Insel, von Wasser umflossen, in der waldigen, von der Stadt umbrausten Insel. Durchs Klingen der Gläser, durchs Lachen und Glucksen und Kichern aufs feinste geputzter Damen und silberhaariger Herren tönt der Périphérique. Ein Summen. Ein Rauschen. Ein Brausen.

62
Die Freier das? Kommen im Auto an, das sie zuerst bei laufendem Motor anhalten, bis sich ein Traumwesen durchs hinuntergekurbelte Fenster beugt. Dann steigt entweder jemand ein oder jemand aus. Ab geht's ins Gebüsch.

63
Verschwunden die blind-tauben Joggerinnen, die dürren Durchtrainierten in ihren papageienfarbenen Trainern mit den vor Anstrengung entstellten Zügen und den Schweisstropfen, die ihnen durchs Stirnband ins Gesicht fallen. Verschwunden die männlichen Exemplare, am Walkman hängend wie am Tropf, unproportionierte Gliedmassen durch die Natur schlenkernd. Was für Gewaltsamkeiten!

64
Aus dem Dunklen löst sich der kleine Pavillon mit der Zwiebelkuppel, den gläsernen Fassaden. Märchenhafte Erscheinung. Sie steigen die paar Stufen hinauf, lehnen sich ans Balkongeländer.

65
Ein kleines Mädchen schüttelt seine rostrote Mähne nach vorne, nach hinten, streicht sich ein paar Strähnen aus dem Gesicht (wie die schon sitzt, die Grammatik weiblicher Koketterie, virtuos!) und hält ih-

rem Freund, der mit törichtem Ausdruck zuhört, einen eloquenten Vortrag über Liebe, Streit und die Erwachsenen.

66
Sterne flackern zwischen schwarzen Wolken auf schwarzem Horizont. Wo ist der Mond geblieben? (Randstück)

67
Aus dem Rallyepulk fahren die Champagnerkelche in die Höhe – jemand bringt einen Toast aus. Es leuchten die Augen, die Wangen der Schönheiten laufen zartrosa an und während sich erwartungsvolle Paare näher zu kommen versuchen, ruft der Maître de plaisir zum Essen in den Saal.

68
Ein Pfau kreischt und fliegt aus dem Dunkel auf einen angeleuchteten Baum, setzt sich auf einen Ast, wippt. Die Gäste manifestieren sich mit kleinen Schreien des Entzückens.

69
Wollte man den beiden mit Patricks Augen zuschauen, entdeckte man zwei Filmschönheiten. Sie würde ihr müdes Köpfchen liebe- und vetrauensvoll an seine Schulter legen. Langsam würde er sich eine Zigarette anzünden, unter langen Wimpern etwas leer in die Weite blicken – und wahrscheinlich lange Zeit nichts sagen.

70
Ans Holzgeländer gedrückt schauen sie angestrengt ans Ufer hinüber, auf die Asphaltallee mit den parkierten Autos.

71
Da der schöne Kopf mit der starken Brille, Walter. Stolpert durch den Niederwald, hört das Gurren, nervöse Zerrgeräusche, starrt auf die herumliegenden Präservative und denkt die Welt in Stücke.

72
Die Holzbarke kommt zurück, lautlos, ein Gespensterschiff. Aus dem Bois wird ein verwunschener Wald, in den einzudringen Abenteuer verheisst.

73
Schwarze Haare, hochglanzpolierte Schuhe (oder Pantoffeln?), ein blaues Hemd, lange schwarze, an den Schläfen weisse Haare, in der Hand ein paar rosarote Handschuhe – Charles. Stolziert, flaniert. Schreit auch was in die Alleen. Eine Beschimpfung. Niemand dreht sich um.

74
Sie sagt fast nichts, die Schöne, schaut ihren Frenchie auffordernd an, versteht ihn so und so.

75
Liebevoll und provokativ streichen sie an ihren kleinen schwarzen Mackern vorbei, jammern und tun verachtungsvoll, aber es ist nicht bös gemeint – und die Macker: «Mach, dass du weiter kommst.» «Schau, wer ist denn da? Stella, wenn ich mich nicht täusche, Stella Schätzchen.» Welche Förmlichkeit, welche Vollendung.

76
Während er den Wagen steuert, links und rechts die Fassaden fortstieben sieht, denkt er an Georges, der sich in den Siebzigerjahren 480 Mal erinnerte und

an Sami Frey, der sich 1991, auf einem Velo fahrend, im Mogador Theater 480 Mal an Georges erinnerte.

77
Bier und die mit Pariser Schinken belegten Baguetteviertel können im Kastenwagen bezogen werden. Bestimmt passen irgendwo im Dunkeln welche auf, dass niemand von einer Polizeipatrouille überrascht wird.

78
Nacht wie eine warme Duftdecke, ein Luftzug wie kühles Geschmeide auf der Haut und ein flatternder Vogel, der Kurven in die Nachtdecke schlitzt.

79
Dort haben sie von einem Lieferwagen die Blache abgezogen und sich auf die Ladefläche gekauert. Sie trinken, würfeln, spielen Karten beim Licht der Scheinwerfer, während die Traumwesen anschaffen.

80
Das Rallye, ein Ball der Köpfe, doch wird nicht getanzt. Die Jugend hat sich in den Räumen des Châlet verlaufen, die Kinderstunde ist längst abgelaufen. Jetzt sitzt Mme. Verdurin kerzengerade vor einem Cognac am leergegessenen Tisch, schwingt das Szepter und hält mit dröhnender Stimme Vorträge, die eigentlich niemanden interessieren, denen aber mit geduldigster Höflichkeit zugehört und Tribut gezollt wird.

81
«Ich erinnere mich», könnte Georges schreiben, «dass ich beim Spielen im Bois de Boulogne von einem Schulkameraden mit Pellec verwechselt wurde.»

Marcel erinnert sich an die Garderobe der vogelgesichtigen Duchesse, der er damals am Eingang zum Bois auflauerte, die ihn nur andeutungsweise und sehr hochmütig begrüsste, worauf er vor Scham am liebsten im Boden versunken wäre.

82
Er ist dem Brouilly gewachsen. Der macht ihn massvoll unternehmungslustig, ziemlich lustig, doch überschwemmt er nicht das bisschen Verstand.

83
Fragonard-Miniatur. Erotisch. Der Sinnenrausch als üppige Vegetation. Flatternde, gefiederte Zeichnung. Stämme und Kronen der Bäume biegen sich zueinander, Blätter, Äste küssen sich. Tief unten in der Allee, die einem Tunnel gleicht, aus dem kein Entkommen ist, irren kleine Menschen herum, ihre Lust zu befriedigen.

84
An der Brüstung, halb im Schatten, mit dem Pavillon verschmelzend die beiden Figuren, zart hingehaucht, gesichtslos, in sehr koketter und sehr fleischlicher Liebe einander zugetan, durch all die Stoffbahnen, Schleier, Krinolinen hindurch. Und die Liebe tobt umso stürmischer, als sie im Kleider- und Baumversteck gefesselt bleibt.

85
Zeitraffer, Zeitlupe – so kommt die Zeit zu ihrem Körper. Simultaneität auseinanderliegender Vorgänge, Zerstörung der Chronologie: so werden Subjekte und Objekte aus ihrem Dornröschenschlaf befreit.

86
Patrick erzählt – aber wem? – zwei Anekdoten aus jenem Leben, das er vor der Geburt so intensiv gelebt hat. Die eine handelt vom alt gewordenen Regisseur Georges Rollner, der einen ganzen Film drehen lässt, an den er keine Sekunde glaubt, nur um dem Helden, einem Piraten oder Käptn, den Satz «Stellen Sie sich vor, dass man Jude und trotzdem ein As der Fliegerei sein kann, mein Herr» in den Mund zu legen.

87
Die zwei stochern im Fisch. Aus dem inzwischen geräuschvoll tafelnden Rallye schiesst ab und an ein Kind auf die Terrasse, wird schnell von einer Gouvernante eingefangen und trotz Gegenwehr abgeschleppt.

88
Nacht aus glatter Seide über die, wie Finger, Windhauche streifen, Wasseroberfläche wie Haut, die sich in Wollustschauern kräuselt.

89
Nachteinbruch, der Stadtrand wird zur Grenze. Hier der Bois de Boulogne, ein dürftiges Stück Halbnatur am Tag, aber jetzt tief und geheimnisvoll wie der Wald von Fontainbleau. Dort die steinerne Stadt, die sich ins Abstrakte zurückzieht, nur noch aus Form, aus Geometrie zu bestehen scheint.

90
Marcel ist erleichtert, dass er mit dem Rallye nichts zu tun hat. Bei denen sind sportliche Einsätze gefragt, die Kellner schiessen wie Pfeile durch den Saal. Aber Marcel verspürt ein kleines Bedauern, wenn er zu Mme Verdurin hinüberschaut, deren

Goldlamékleid sich über dem Bauch spannt. Wie hätte man sich amüsieren können.

91
Das zierliche Inselchen, die wie Scherenschnitte in die Nacht ragenden Büsche, Blumen, die sanft sich wiegenden Blätter. (Randstück)

92
Im «Châlet des Iles» empfängt sie Marcel mit einem Lächeln, das schneeweisse Zähne entblösst. Mit vollendeter Eleganz weist er dem Paar einen Tisch im Garten an. Gelbe Glühbirnen hängen zwischen den Bäumen, und eine Rallye-Gesellschaft ruft nach Champagner.

93
Mit dem Auto durch die Contre-Allée der Avenue Foch in die Rue Suresne zum See in den Bois de Boulogne. Die zwei Meter hohe Silhouette Patricks taucht an der Kreuzung Foch-Malakoff auf und verschwindet im Eingang eines der palastähnlichen Häuser. Mit quietschenden Pneus fährt Frenchie in den Bois ein, lässig mit einer Hand steuernd und leise über fliehende Passanten schimpfend. Sie lacht ihn an.

94
Das Knacken und Schnaufen drüben im verwunschenen Wald – es könnte «la bête» sein, sensibles Ungeheuer auf Kleintierjagd.

95
Er versteht, endlich, reisst und stösst, da beugt sich, endlich, das Tier mit den zwei Rücken übers Geländer. «Ohhh», lacht sie und er keucht «aaai», hebt das Gesicht aus ihrem Haarschopf. Jetzt sind sie Teil der tausendfachen Hurerei am andern Ufer, glücklich.

96
Die Teile des Bildes im Durcheinander. Découpage eines Ganzen? Oder der Versuch, aus Fetzen Sinn zu bilden?

97
Dann würde ein das Rallye verlassender Gast seine Aufmerksamkeit beanspruchen. Er könnte sich erinnern, diesen Mann, der damals, in der Besatzungszeit du Passy oder Morilly geheissen hätte, gekannt zu haben. Weiter käme ihm in den Sinn, dass du Passy oder Morilly seinerzeit in eine Betrugsgeschichte verwickelt gewesen sein soll, das behaupteten jedenfalls die Zeitungen. Der Mann würde sich umdrehen, zögern, den Schritt verlangsamen, in seiner Richtung schauen – und dann entschlossen fortgehen.

98
Ball der Grau- und Weisshäupter, Ball im Sitzen, im Stehen.

99
Patrick schaut hinüber und vollzieht den Zeitsprung – die Zeit? Transparent wie Luft –, überwindet zwanzig Jahre zwischen zwei Sätzen und sieht auf dem Asphalt einen Herrn gehen, der seinem Vater aufs Haar gleicht.

100
«Wenn ich, geschlossenen Auges, an einem warmen Herbstabend den Duft deines warmen Busens einatme, sehe ich glückliche Gestade sich entfalten, die in den Feuern einer immer gleichen Sonne brennen;

Eine träge Insel, hier bringt die Natur seltsame Bäume und saftige Früchte hervor; Männer mit schlanken, kräftigen Körpern und Frauen mit freimütigen Augen.»

Wie Jean-Christophe Colombani das Elysée erobert – ein Modell

Der Mann ist korsischen Geblüts und heisst Jean-Christophe Colombani. Bestimmung: Politiker (erlernter Beruf: Advokat). In seinem Namen paaren sich Kraft und Heiligkeit des Christusträgers mit der Sanftmut der Taube. Denkt man indessen in Zusammenhang mit unserem Herrn Colombani an Überirdisches, kommt einem ungerufen jenes Insekt in den Sinn, wegen seiner demütigen Haltung Gottesanbeterin genannt, das seine Bekanntheit einem sehr vereinnahmenden Liebesritual verdankt. Auch unser Freund verschlingt mit Haut und Haaren, wer ihm affektiv oder aus Berechnung oder aus fahrlässiger Unachtsamkeit zu nahe kommt. Verbrauchte, ausgesogene Kadaver säumen seinen Weg nach oben, diejenigen aber, die er mitgenommen und belohnt hat, verschliessen die Augen und preisen ihn.

Die Sanftheit der Taube, um auch den zweiten Anklang seines Namens zu berücksichtigen, bedeutet ihm viel: meisterlich beherrscht er das Taubenmässige, wenn's drauf ankommt, lächelt er gütig und blitzschnell auf jedes Kamerakommando, entblösst dabei freilich ein paar Vampirzähne, die den wohltuenden Effekt beeinträchtigen mögen, intoniert auf der Friedensschalmei lyrische Weisen und spricht – vor Wahlen – mit Engelszungen.

Mit seinem berühmten Inselvorfahren Bonaparte teilt unser Mann das Nimmersatte, den unstillbaren Machthunger, der sich wundersam erneuert und erneuert wie der männliche Same, Fleisch und (vielleicht etwas nachgeliftete) Gesichtshaut lange Zeit jung erhält, das Auge glänzen und die Gestik leidenschaftlich erscheinen lässt. Auch leidet Colombani wie der verblichene Imperator an Kurzwüchsigkeit sowie Korpulenz. Seine Werbeagentur hat ihm deshalb weit geschnittene, dunkle Anzüge verordnet, hohlrückigen, kerzengeraden Gang, der nun freilich etwas gar steif wirkt. Die Manie, das Haupt stets schräg nach oben gerichtet zu tragen, in den Nacken zu werfen, um den europäischen Kollegen, den Kohls und Konsorten, auch stehend ins Auge blicken zu können, verleiht ihm in bösen Zeiten, da seine Aktien schlecht stehen, Volk und Partei sich gegen ihn auflehnen, das Aussehen eines Nichtschwimmers, dem das Wasser bis zum Hals steht. Dabei fühlt sich unser Mann im feuchten Element durchaus wohl. Er ist Segler, hat sämtliche Klippen, Steilküsten und Sandstrände seiner heimischen Insel umschifft und das offene Meer durchpflügt. Die Werbeagentur ist ihm dankbar für das Hobby und hat ihn mehrmals dringend gebeten, nicht darauf zu verzichten. Der Segler, der auch in aufgewühltem Wasser Kurs zu halten weiss, der besonnene Steuermann, der das Ruder fest in der Hand hält, der kaltblütige Kapitän, den kein Sturm aus der Fassung bringen kann, der umsichtige Segelsetzer, der jedes Lüftchen auszunutzen versteht – das ist Nahrung für die Feldzüge der Propagandisten, das ist der Stoff, aus dem man Präsidenten modelt.

Jean-Christophe Colombani darf keine Länder mehr erobern, das verbietet ihm das Völkerrecht und, in minderem Masse, seine republikanische Erziehung. 1930 als Sohn einer wohlhabenden Beamtenfamilie geboren, die sich aus Tradition dem Staatsdienst verschrieben hatte, ebenso beeinflusst vom strengen Katholizismus der Mutter wie vom nationalistischen Vater, einem Ausbund an Tüchtigkeit und Pflichtbewusstsein, soll der kleine Jean-Christophe schon in der Primarschule am liebsten «Ministerrat» gespielt haben: am freien Mittwochnachmittag (Tag, an dem seit Menschengedenken im Elysée der Ministerrat unter der Ägide des Präsidenten der Republik laufende Geschäfte behandelt), berief Klein-Colombani jeweils seine Schulfreunde in die heimische Villa an den grossen Gartentisch, verteilte die Ämter, schlüpfte in die Rolle des Präsidenten, bestellte bei der stolz lächelnden Mutter Limo und Tartines, um seinen verwunderten Kameraden das einzutrichtern, was er von seinem Vater aufgeschnappt hatte.

Ministrant, Pfadiführer, Klassensprecher, Mittelstürmer in der Schulmannschaft – Colombani übt sich von klein auf in Führerposen, stählt den Willen, lernt den Ehrgeiz wechselweise einzusetzen, dann zu zähmen und zu verstecken. In den Menschen seiner Umgebung entdeckt er die Lust, manipuliert, verführt zu werden, in sich selber die Begabung (er und sein Biograph werden's später «Berufung» nennen), den aktiven Part zu übernehmen. An der lateinischen Philologie interessiert ihn vor allem die Rhetorik, er identifiziert sich vorübergehend mit Cicero, schreit im Versteckten pathetische Reden ins Mittelmeer bei Ajaccio.

Zu seiner Lieblingslektüre gehören Niccolo Machiavellis Schriften, aber er kann auch Racine-Verse auswendig rezitieren. Als er Anfang der fünfziger Jahre die Insel verlässt, um in Paris an einer Elitehochschule Jura zu studieren, steht sein Beschluss fest. Dem Staat wird er nicht dienen, wie sein Vater, der Staat wird ihm, der ihn zu erobern und neu zu formen gedenkt, zu Füssen liegen wie ein zahmer Hund.

In Paris muss sich unser Freund mühsam durchsetzen. Seine korsische Notabilität nützt ihm nichts, schadet eher, gilt sie doch bei seinen Festlandkommilitonen als suspekt, behaftet mit einem Ruch von Mafia und Hinterwäldlertum. Im Militärdienst zerreisst Colombani keine Stricke, die «Gnade der späten Geburt» hat ihn den Zweiten Weltkrieg als Kind und Jüngling überstehen lassen, am Indochinadebakel kommt er vorbei, und für den Einsatz in Algerien ist er schon zu alt. Die Munkeleien und hartnäckigen Gerüchte, die ihm verschiedentlich klar kolonialistische und sogar «Algérie française»-Sympathien nachweisen wollen, kann er später erfolgreich zum Verstummen bringen: Es fehlen aussagekräftige Beweise, es sind keine Dokumente aufzutreiben (ein paar dubiose Traktate mit seiner Signatur bezeichnet er als Fälschungen), und die beigebrachten Zeugen leiden an partiellem Gedächtnisschwund.

Colombani besteht ohne sonderlichen Glanz sein Advokatsexamen, betreibt relativ lustlos ein Kabinett, umgarnt eine schöne Bürgerstochter, erobert sie nach einem wacker bestandenen Feldzug, der seinem wölfischen Charme, seiner Rhetorik und seinen strategischen Fähigkeiten im Aus- und Niedermachen potentieller Konkurrenten das Letzte abverlangt, macht ihr katholische Kinder, betrügt sie ebenso elegant wie selbstverständlich und arrangiert sich so gut mit ihr, dass sie jederzeit und mit aussergewöhnlichem Geschick, ohne unglücklich, gedemütigt oder beleidigt zu wirken, ihre Rolle in seiner Karriereplanung spielt. Wenn die beiden Colombanis gemeinsam auftreten, spielen sie sich gekonnt die Bälle zu, mimen familiäre Eintracht, auch mit Händchenhalten und speziell für die Kamera einstudierten komplizenhaften Blicken, wo doch eine funktionierende Interessengemeinschaft gemeint ist. Und während Monsieur eigentlich kontinuierlich an seinem Image als künftiger Landesvater laboriert, so dass er, selbst bei persönlichsten Verrichtungen vom Fotografen «überrascht», irgendwie national wirkt, bereitet sich Madame diskret auf landesmütterliche Pflichten und Freuden vor, wie das Besichtigen von Kinderkrippen oder das Eröffnen ethnologischer Museen, vor allem aber auf die effizient-unbeweisbare Beeinflussung des Gatten zum Nutzen und Frommen hartnäckiger Bittsteller und Bittstellerinnen.

In Paris sorgt Colombani in den fünfziger und sechziger Jahren dafür, dass die Bestimmung, an die er glaubt, ihn einholt. Er macht und verpflichtet sich Freunde, spannt sie vor seinen Karren, weniger mittels Geld, das er nicht in ausreichenden Mengen besitzt, als durch Versprechungen. Sein Karren ist mit Werten, Ideologien, auch mit Utopien beladen. Colombani entwickelt sich zum Alchimisten. Unermüdlich mixt er philosophische, moralische, politische Tinkturen zusammen, verheiratet probeweise Marx mit Kennedy, Christus mit Friedman, Robespierre mit Churchill, Bakunin mit Napoleon, Voltaire mit Poincaré, Louis XIV. mit dem Abbé Pierre und Sartre mit Yves Montand.

Das Gebräu, das er sich für seine Entdeckungsfahrt durchs Politmeer Frankreichs zusammenschüttet, soll der Gründung einer neuen Partei dienen. Nachdem er sich als Student im Entzweien, Neuzusammensetzen, Umstrukturieren von bestehenden

Organisationen geübt, wichtige Kontakte und erste Auslandserfahrungen geknüpft und gesammelt hat, erkundet er jetzt vorsichtig die florierenden wie die serbelnden Parteien, reist ins Innere der Strukturen, setzt Hebel an, dividiert hier und da etwas auseinander, studiert Pariser Bunker und Bastionen, Kurfürstentümer in der Provinz, engagiert Schreibknechte, die, unter seinem Namen oder mit Berufung auf ihn, die Meinungspresse bombardieren, tritt bei Meetings auf, legt die Hand auf ein paar Sendungen des Fernsehens – und wird bekannt. Was er braucht, jetzt, ist ein Mäzen.

Von Pontius zu Pilatus führt ihn die Betteltour, die Rückbesinnung auf Machiavelli bringt Erleuchtung: im Schattenreich, wo Abgesägte, im Stolz Beleidigte, Rachsüchtige, Frustrierte, vom aktuellen Präsidenten der Republik mit Verachtung behandelte ehemalige Höflinge schmollen und vegetieren, lassen sich Unterstützung, Hilfe und vor allem Geld mobilisieren. Colombani macht seine Aufwartung, verspricht alles, um später nichts zu halten. Schnell verfügt er über eine wohlgefüllte Betriebskasse und, was wichtiger ist, über eine Geldbeschaffungsorganisation auf lange Sicht. Unter verschiedenen Firmierungen und Titeln werden von bermudischen, liechtensteinischen und schweizerischen Konten, die sich jahraus jahrein wundersam zu vermehren pflegen, Summen abgezweigt und verschoben. Geld sieht man nicht immer, Geld, in genügend grossen Mengen in Aussicht gestellt, ebnet auch dann Wege, wenn sich die Aussichten später nicht erfüllen. Die aus den ersten Reigerungsrängen wegkomplimentierten ehemaligen Politgrössen machen sich ein Vergnügen daraus, ihr finanzielles und parteichinesisches Know-how dem aufstrebenden jungen Star auszuleihen, immer in der Hoffnung, den Präsidenten stürzen zu sehen und ihn beerben zu können.

Unterwegs, mit vollen Segeln, Richtung Glorie und Sonnenschein, gründet Colombani seine «Sammelbewegung»: Rassemblement des «Socio-Libéraux pour la République (RSLR)». Mit Akkuratesse stellen er und seine Berater ein Parteiprogramm zusammen, das schlechthin jedermann bedenkenlos unterschreiben kann. Die Leitplanken versprechen Arbeit für alle, Sozialfürsorge für alle, Herabsetzung der Steuern für alle, eine starke Abschreckungsarmee, mehr Polizei, Sicherheit in allen Städten. In den Unterkapiteln und einzelnen Abschnitten werden den Dockern Sonderrechte, den Schülern neue Schulhäuser, den Alten erhöhte Renten, den Ärzten angepasste Honorare, den Bauern Schutz und Trutz, der Privatindustrie Investitionshilfen und der staatlichen Vollbeschäftigung, den Eisenbahnern die 30-Stunden-Woche, den Lehrern kleine Klassen, den Zöllnern neue Uniformen, den Immigranten und Frauen mehr Rechte, den Spekulanten mehr Strafen, den Beamten mehr Einfluss, dem Volk mehr Raum zugesagt. Fachleute untermauern die einzelnen Punkte mit Zahlen und Statistiken. Inhalt, Form und Jargon des Programms sind mit Absicht so gewählt, dass sich eigentlich all die zahlreichen Splitterparteien darauf einigen könnten.

Aber natürlich ist jedes Wort, jeder Satz gegen das bestehende System gerichtet. Noch wahrt Colombani freilich seine Distanzen, hält es für klüger, im Hintergrund zu bleiben. Genügsam nimmt er mit einem harmlosen Parteisekretäramt vorlieb, hat aber in den Statuten dafür gesorgt, dass in seiner Hand alle Fäden zusammenlaufen – und überlässt Direktorium und Präsidentenstuhl den sich aufblähenden Mäzenen.

Mitten in diese Aufbruchzeit Ende der Sechziger Jahre fällt ein böses Wort, eine jener tödlichen «petites phrases», für die Colombani und seine anonymen Texter sonst selber die besten Rezepte besitzen. Diesmal kommt der Pfeil vom politischen Gegner, wobei der Schütze sich eines Churchill-Zitats bedient: «Die RSLR ist wie Kolumbus. Sie bricht auf, ohne zu wissen, wohin sie geht. Wenn sie ankommt, weiss sie nicht, wo sie ist. Und all das mit dem Geld der anderen.» Colombani ist beleidigt. Tatsächlich tut er nur, was alle Politiker tun. Auch de Gaulle wusste nicht, wohin ihn die Schritte tragen würden, als er sich im Krieg aus Frankreich absetzte, als Befreier zurückkehrte, sich schmollend in Colombey-les-deux-Eglises vergrub, um dann als Erlöser ins Elysée zu ziehen. Einmal im Elysée, am Ziel angekommen, mag der Glückliche zwar wissen, wo er sitzt, geographisch, aber die Ungewissheit bezüglich nächster Zukunft, Beschaffenheit des politischen Umfelds, Befindlichkeit des Volkes, Entwicklung der Konjunktur türmen über diesem banalen Wissen ein gewaltiges Nichtwissen auf – das wohl die Sache erst reizvoll macht. Vom Geld der anderen muss nicht erst gesprochen werden. Es ist schliesslich das einzige zur Verfügung stehende.

Zeit der Gesellenstücke, der Turbulenzen, der mählichen Reife. Colombani macht immer weniger Fehler. Nennt er den amtierenden Präsidenten heute einen «alten Schwachkopf» (vor begeistertem jungen Publikum) und morgen einen «gefährlichen Demagogen» (vor dem Bildungsausschuss der kommunistischen Partei, den Regionalvorständen der beiden grünen Bewegungen, den Harkis in Marseille und den Immigrantenorganisationen), so bedauert er vor dem Club der Bürgermeister aus ländlichen Gebieten und den Spitzen der Bauernverbände scheinheilig den mangelnden Nationalismus des Alten, der bereit sei, einem ominösen Europa und den feindlichen USA Frankreichs Identität zu opfern, während er sich ein paar Tage später beim Europa-Flügel der sozialistischen Restpartei leidenschaftlich für eben dieses ominöse Europa engagiert.

Tut die Presse ihre Pflicht und schreibt, was er gesagt hat, lässt er postwendend dementieren (dem schneidenen Dementi liegt die Oralfassung der gehaltenen Rede bei, die sich vom ursprünglichen Manuskript in wesentlichen Details unterscheidet).

Die 68er Revolte trifft unseren Colombani leider unvorbereitet, aber dafür mitten in das, was er Jahre später seinem Biographen gegenüber scheu als Herz bezeichnet. Die Macht, die zeitweise auf der Strasse liegt, vermag er genauso wenig aufzuheben wie seine interessierten Kollegen. Noch hat seine Stunde nicht geschlagen. Einmal übernimmt er als Transportminister Regierungsverantwortung, weiht ein paar Bahnhöfe ein und zappelt schnell im Netz eines gigantischen Fluglotsenstreiks, den er unterschätzt; das Landwirtschaftsministerium, das ihm als nächstes angeboten wird, verlässt er, kurz bevor es wegen Brüssel brenzlig wird, mit grossem Getöse. Er will und kann es nicht verantworten, dass eine Regierung, in der er mitmacht, das Volk schamlos belügt und betrügt. Sein inzwischen hervorragend entwickelter Überlebensinstinkt macht, dass er die weiteren, schneller Verderbnis geweihten Regierungen an sich vorbeiziehen lässt. In den letzten Jahren hielt er es für unter seiner Würde, etwas anderes zu akzeptieren, als den Sessel des Premierministers.

Arbeitet die Zeit für oder gegen Colombani? Schwer zu sagen. Seine Werbeagentur lässt ihn inzwischen über tiefblauem Grund auf Plakaten in doppeltem Weltformat segeln. «Mit ruhiger Kraft voraus» ist ins Wasser geschrieben. Er selber gibt sich mit Verkaufsstrategien nicht mehr ab, orientiert seine Karriere stets an den zur Verfügung stehenden Elementen, wechselt Positionen, Meinungen blitzschnell aus, wenn sich die politische Umwelt verändert. Der Utopist und Eroberer ist ein Pragmatiker geworden. Die Utopie hat für ihn einen Namen bekommen: Macht. Macht aber ist keine Utopie, keine Idee, kein Prinzip Hoffnung. Und der Wille zur Macht? Eine blosse Methode. Zurzeit legt Colombani letzte Hand an sein fünftes Buch (das andere Hände ziemlich weit vorangetrieben haben). Es soll den Titel «In der Neuzeit ankern» bekommen und rechtzeitig zur Lancierung der Präsidentenkampagne auf den Markt kommen.

Denn er kandidiert. Fürs Elysée. Kürzlich will ihn ein Journalist beim Diner im Fischrestaurant der Elite, «La Gauloise», beobachtet haben. Da habe er sich aufs freundlichste mit den Exponenten jenes Komitees unterhalten, das für eine dritte Amtszeit François Mitterrands militiert. Jean-Christophe Colombani, so geht das Gerücht, unterstützt dieses Komitee bedingungslos (wenn auch natürlich über Strohmänner und höchst geheim), weil es, wie er meint, seine eigenen Wahlchancen gewaltig steigert.

Der Mann
mit dem immergleichen Buch

In der Rue Rambuteau drücke ich die Klinke einer erlesenen Buchhandlung nieder, in deren Schaufenster auch schon ein Foto meines Autors zu sehen war, und erkundige mich nach den gerade erhältlichen Modiano-Titeln. «Ah, der Mann mit dem immergleichen Buch», sagt die Buchhändlerin, keineswegs abwertend, und legt mir die Neuerscheinung in die Hand, «Un Cirque passe». Patrick Modiano, bemerkenswerter Schnell- und Vielschreiber. 15 Romane hat er innerhalb von 27 Jahren veröffentlicht, dazu eine Filmvorlage, Fotokommentare und ein paar mehr dokumentarische Texte. 1945 geboren, kennt er seinen ersten Erfolg, «La Place de l'Etoile» im Alter von zwanzig Jahren – später ist er der Mann mit dem immergleichen Buch geworden. Ein Obstinater. Unablässig in einer ihm allein zugänglichen Gesteinsschicht seine geologischen Forschungen betreibend, ohne der Wahrheit und Erlösung, die er zu finden hofft, entscheidend näher zu kommen. Das immergleiche Buch, ein Labyrinth ohne Ariadnefaden, durch das der Erzähler irrt, an den immergleichen «Ausgängen» vorbei, die er nicht wiederzuerkennen vermag und von denen er laufend vergisst, dass sie nirgendwohin führen. Und doch hat sich Roman für Roman in den zweieinhalb Jahrzehnten seit Erscheinen von «La Place de l'Etoile» das Labyrinth verwandelt. Mochte es einem anfangs wie eine finster-genialische Figur des Chaos vorkommen, so hat es sich inzwischen unter der ebenso kundigen wie fleissigen Hand des Erzählers in einen perfekten Kunstraum (und -traum) verwandelt, mit narrenden Spiegelsälen, fahl erleuchteten Museumskammern, in denen Gegenstände und Personen der Vergangenheit aufbewahrt und zueinander in Beziehung gesetzt werden, ohne dass es ihnen gelänge, sich aus den Geheimnissen, die ihre Existenz umgibt, zu befreien, was wiederum das Labyrinth trotz aller Wandlungen zum ewiggleichen macht.

Geographisch lässt sich Modianos Labyrinth ebenso leicht situieren wie es sich geologisch der Wahrnehmung zu entziehen sucht: es deckt sich ziemlich genau mit der Stadt Paris und ihrem Einzugsgebiet. Zwar kommen in den Romanen andere Schauplätze vor, aber keiner lässt den Leser derart im Halbdunkeln und ganz Ungewissen herumtappen wie eben das Pariser Labyrinth. Ist dieser Leser zufällig auch ein Parisansässiger, wird sich in ihm einiges gegen die eben gemachte Behauptung sträuben. Tatsächlich gibt es Momente, Stunden, ganze Tage und Nächte, in denen einem diese Stadt wie das genau Gegenteil eines Labyrinths vorkommt. Lichterfüllt und schnurgerade stechen die Haussmannschen Achsen, sternförmig oder in ordentlichen Winkeln zueinander placiert, nicht ins Ungefähre sondern in definierte Weiten. Parallelitäten, Symmetrien treiben den Spaziergänger förmlich voran, ausgemachten Zielen entgegen, er weiss, von wo er ausgeht, weiss, wo er ankommen wird – da bleibt nichts dem Zufall überlassen.

Modianos Ich-Erzähler freilich verkennt derartige Evidenzen. Er, der Forscher, Detektiv, dem jedes Stücklein Gewissheit neue Ungewissheiten beschert, projiziert ganz selbstverständlich sein Inneres ins

Äussere. Nur im Irrgarten kann er existieren. Und also verwandelt sich unter seinem Blick Paris in ein Labyrinth. Die Strassen führen nirgends mehr hin (ihre Namen tönen wie Zauberformeln), sie zu benennen bedeutet sie zu beschwören – wie man Geister beschwört.

In meiner allernächsten Nachbarschaft liegt ein ruhiges Strassengeviert, das ich zu jeder Tages- und Nachtzeit hunderte von Malen durchschritten habe. Eine Art friedliche, vor sich hin dämmernde Insel der wohlhabenden Rentner nimmt einen auf, in der Wäscherei an der Ecke händigen freundliche Damen den Witwern jede Woche die frisch gebügelten Hemden aus, in den kleinen Gemüse- und Gemischtwarenhandlungen stehen maghrebinische Verkäufer bis spät abends in der Eingangstüre, manchmal jagt ein Rollbrettfahrer durch die Strassen und die schlanken Schülerinnen mit ihren hin- und herschwingenden Pferdeschwanzfrisuren haben etwas von altmodischen Tänzerinnen. Im Roman «Livret de Famille» lässt Patrick Modiano sein alter ego auf der Suche nach der Grossmutter durch mein Quartier schlendern. Die Grossmutter hat hier gewohnt, an der Léon-Vaudoyer-Strasse – wann? In welcher Nummer? Der Ich-Erzähler kann sich nicht mehr erinnern. «Ich schlug meinerseits den Weg ein, den sie nehmen musste, um heimzukehren. Es war an einem sonnigen Oktobernachmittag. Ich habe alle Nachbarstrassen durchmessen: die César-Franck-Strasse, die Albert-de-Lapparent-Strasse, die José-Maria-de-Heredia-Strasse... In welchen Läden verkehrte sie?... Ich nehme die Léon-Vaudoyer-Strasse, zuerst von der Avenue Saxe aus, dann über die Pérignon-Strasse und bleibe vor jedem Hauseingang stehen. In den Treppenhäusern überall ähnliche Aufzüge, einen davon hat sie benutzt. Sie muss friedliche Nachmittage gekannt haben, wie diesen, wenn sie nach Hause kam, unter der gleichen Sonne und auf dem gleichen Trottoir. Und man vergass den Krieg, der sich ankündigte.» Lakonisch, ökonomisch, mit einem nichts an Aufwand nimmt der Fahnder die Fährte der Verlorenen auf – dem Motiv kommt in Modianos Werk leitmotivischer Charakter zu. Die Namen allein, hier von Strassen, andere Male von Personen, dienen als Schlüssel. Der Ich-Erzähler und Detektiv vermag sie zu erinnern, gezielt oder zufällig aufzuspüren und kann nun über sie verfügen. Indessen: sie nützen ihm nichts. Jede Tür, die sie vermeintlich öffnen, führt in neue Irrgänge oder ins Nichts. Es ist die Technik des Kriminalromans ohne den Inhalt des Kriminalromans. Der geübte Autor-Fahnder inspiziert und registriert mit der Sachlichkeit und Genauigkeit eines Professionellen den Schauplatz, den möglichen «Tatort», befleissigt sich in geradezu aufsässiger Manier möglichster Trivialität bei der Beschreibung der Szene. Die absurdesten, die anscheinend überflüssigsten Einzelheiten hält er mit Vorliebe fest. Als ob er uns ständig beweisen wollte, aus welcher Kette von Nichtswürdigkeiten unser Leben besteht.

Das Abgründige und Unheimliche in Modianos Prosa ist das, was man nicht kommen sieht, was man nicht vermutet oder vergisst, was im Dunkeln lauert – und plötzlich hervorbricht. Technisch hat sich der Autor ein von Roman zu Roman raffinierteres Schneideverfahren angeeignet (sein Stil der Übergänge ruft einem fast zwanghaft Filmbilder, Filmbilderfolgen und Traumsequenzen in Erinnerung). Die manchmal unmerklich feinen, manchmal heftigen und tiefen Schnitte können zwischen zwei Sätzen, ja sogar innerhalb eines einzigen Satzes erfolgen. Sie verändern szenische Anordnung, Bild, Perspektive des Erzählers, sind oft von Zeitsprüngen begleitet. Die Grossmutter, die der Erzähler in den Sechzigerjahren zu erinnern versucht, lässt sich über die Strassennamen beschwören, mitten im Satz kehrt sie heim – und im nächsten vergisst ein undefinierter «man» den angekündigten Ersten Weltkrieg.

«An der Ecke der Avenue Saxe habe ich einen letzten Blick auf die Léon-Vaudoyer-Strasse geworfen. Eine Strasse ohne Charme, ohne Bäume, wie es sie zu Dutzenden an den Rändern der bourgeoisen Quartiere von Paris gibt. Ganz in der Nähe, in der Avenue Saxe, habe ich eine alte Buchhandlung betreten. Hat sie hier gelegentlich einen Roman gekauft? Nein, die Buchhändlerin hat mir gesagt, dass sie erst seit fünfzehn Jahren da ist und dass das Lokal vorher von einer Modistin belegt gewesen sei. Die Läden wechseln die Besitzer. So ist der Handel. Schliesslich weiss man nicht mehr genau, welchen Platz die Dinge besetzt gehalten haben. 1917, als die Bertas Paris bedrohten, hatte meine Grossmutter ihre Kinder in die Gegend von Enghien gebracht, zu einem Verwandten, einem gewissen James Levy. Man hat ihn eines Tages abgeholt und niemand hat ihn je wiedergesehen. Meine Grossmutter hat Nachforschungen veranlasst, dem Sicherheitsdienst und dem Verteidigungsministerium geschrieben. Ohne Erfolg. Sie schloss daraus, dass James Levy als deutscher Spion irrtümlicherweise erschossen worden ist. Ich selber wollte auch mehr wissen, aber ich habe bis jetzt nicht die kleinste Spur, nicht den geringsten Beweis für das Erdendasein James Levys gefunden.» Das Labyrinth zeigt seine Geheimnisse, aber es löst sie nicht auf. Wie Gespenster irrlichtern die Erscheinungen der Grossmutter, des James Levy in einer der verdüsterten Erinnerungskammern, um für den Rest des Romans zu verschwinden. Die Zeitschichten durchdringen einander: eben folgten wir dem Erzähler in der (grosszügig bemessenen) Jetztzeit auf seinem Spaziergang im 7. Arrondissement, gerieten dann abrupt mit des Erzählers Grossmutter in den Ersten Weltkrieg, als die gefürchteten grosskalibrigen deutschen Kanonen Paris bedrohten, um einen Satz später auf jenen James Levy zu stossen, dessen Existenz nicht bewiesen ist und dessen vermutete Erschiessung ebensogut im Ersten wie im Zweiten Weltkrieg hätte stattfinden können. Nichts ist gesichert, nichts gewährleistet im Modianoschen Irrgarten.

Im Labyrinth haust und lauert das Unheil, das Unheimliche, der Mythos – halb Mensch, halb Tier. Der Minotaurus, der den Ich-Erzähler an jeder Romanecke anfallen kann, kommt aus einer Vergangenheit, die Modiano nicht mehr erlebt hat, der aber alle seine Figuren verhaftet sind. Schicksalshaft. Von sich selber sagt der Autor in einem der raren Interviews, die er – schüchtern und wortkarg bis zum Peinlichen – vor ein paar Jahren einer Literaturzeitschrift gewährte, dass er immer den Eindruck gehabt habe, «eine Art Pflanze (zu sein), auf dem Mist der Besatzung geboren». Die Obsessionen und Ängste Modianos wurzeln in den vier Jahren, da Paris von den Deutschen besetzt gewesen war. Die ganze Triebkraft seiner Literatur bezieht er aus dieser Epoche. Das zutiefst Zwielichtige aber, das eigenwillig Nostalgische, Rückwärtsgewandte, keiner Schule, keiner Ideologie Zugehörige, die schwermütige Eleganz, die Neigung zur Kolportage – all diese Charakteristiken seiner Prosa hängen mit der komplexen familiären Situation des Autors zusammen. «Leben, das bedeutet, beharrlich eine Erinnerung zu vollenden.» Dem Satz von René Char, als Motto dem «Livret de Famille» vorangestellt, hat sich Modiano verschrieben.

Im Jahr der Befreiung von Paris geboren, Sohn einer flämischen Schauspielerin und eines französischen Juden italienischer oder griechischer oder alexandrinischer Abstammung, ist er selber Opfer jener Mystifikationen, die sich später um seine Figuren bilden werden, und die der Ich-Erzähler nicht aufzulösen vermag oder nicht auflösen will. Der Vater, ein undurchsichtiger Geschäftsmann, möglicherweise mit Verbindungen zu den Schiebern und Schwarzmarktjongleuren jener Zeit, schaffte es, während der Besatzung mit falschen Papieren im Verborgenen in Paris zu überleben. Nach dem Krieg hat er sich vorübergehend nach Zaïre abgesetzt, während die Mutter durch Nordafrika tingelte. Patrick Modiano und sein Bruder wuchsen in der Nähe von Paris bei Freunden der Eltern auf. Der Bruder ist mit zehn an einer Blutkrankheit gestorben. Patrick will noch in den späten Fünfzigerjahren am Quai de Conti (wo sich die elterliche Wohnung befand) ein Schild mit einem fremden Namen entdeckt haben, von dem er später erfährt, dass er der gefälschte seines Vaters gewesen sein soll. Rive gauche mit der Schul-, Universitäts-, Buchantiquariats- und Spitalregion (Mutters Bezirk) und Rive droite, Zentrum des Handels, der Banken, der Frivolitäten (Vaters dubiose Büroexistenz), dazu als Aussenstation die nähere Umgebung der Stadt, Bezirk der verlorenen Kindheit mit dem geliebten Bruder Rudy, dem fast jedes Buch Modianos gewidmet ist – damit sind die Koordinaten des Labyrinths festgelegt, die sich dem Leser schnell einprägen. Der ebenso beharrliche wie vergebliche Versuch, pränatale und aus der frühen Kindheit stammende «Erinnerungen» zu vollenden, einen Ariadnefaden zu finden, der helfen würde, dem Labyrinth zu entkommen, den an jeder Wegbiegung lauernden Minotaurus zu bannen, das treibt Modiano von Roman zu Roman an. Dem immergleichen Buch in immerneuen Zusammensetzungen und Mischungen eignet jene aus der biographischen Situation des Autors hinüberscheinende Zwielichtigkeit als Faszinosum.

Zwielichtigkeit und Zweideutigkeit. Im Labyrinth herrscht ein Dämmerklima vor, das die Figuren verunklärt statt sie zu profilieren. Kaum treten sie in Erscheinung, tun sie schon alles, um sich den Blicken des Ich-Erzählers und des Lesers zu entziehen: angedeutet ihre Gesten, Mienen, Körper, flüchtig ihre Berührungen, geheimnisvoll und mehrdeutig ihre Wörter. Alltagstrivialität, bizarre Anekdoten (für die der Autor eine grosse Vorliebe zu haben scheint und die er reichlich in jeden seiner Romane einstreut), ziellose Gänge und Fahrten, modische Auftritte, nichtssagende Konversationen, geahnte Abgründe hinter der Fassade von Wörtern, die tönen, als ob sie codiert seien und einer Geheimsprache angehören würden; was ist, was geschieht und beschrieben wird, findet wie hinter einem Schleier statt. Personenverwechslungen und -spaltungen sind notorisch, Identitäten erwecken Argwohn und stellen sich als irrige oder falsche heraus. Eine ganze Anzahl der

Figuren von Modiano führt ein Doppelleben: unauffällig, banal das eine, anrüchig, betrügerisch, möglicherweise kriminell das andere. Sinnen und Trachten der handelnden Personen ist darauf gerichtet, aus dem Blickfeld des Fahnder-Autors und des Lesers zu verschwinden, ohne Hinterlassung von Spuren. Die Absenz, die sie erstreben, die Lücke, die sie lassen, ist die ewige, nie sich schliessende Wunde des Autors. Im jüngsten Roman, «Un Cirque qui passe», wird der achtzehnjährige Ich-Erzähler, der in Abwesenheit der Eltern am Quai Conti lebt, gleich auf der ersten Seite verdächtigt und verhört, wahrscheinlich von einem Polizisten, vermutlich in einem Kommissariat. Man erfährt nicht, was ihm angelastet wird. Aber schon im zweiten Kapitel verschieben sich Verdacht und Verhör auf eine junge Frau, die nun, wie sich allmählich herausstellt, tatsächlich ein Doppelleben lebt oder zumindest gelebt hat und über den schnell geschlossenen Liebesbund (Liebe hat bei Modiano immer etwas Unbedingtes und Absolutes, die einzige feste Grösse im Labyrinth, mehr dem Traum und dem Irrealen zugehörig als der Welt der Dinge und Handlungen) den Ich-Erzähler zum Komplizen macht. Sie gibt ihm einen schweren Lederkoffer in Verwahrung, Symbol der lastenden und belastenden, der verschwiegenen und verdrängten Existenz. Viele Modiano-Figuren schleppen solche Koffer durchs Labyrinth und manchmal ergibt es sich, dass der Koffer nach ihrem Verschwinden übrig bleibt, vergessen, nicht oder doch geöffnet, ohne die erhofften Beweise zu liefern.

Im Roman «Dimanches d'Août» gerät vorübergehend Nizza ins Labyrinth Modianos. «Die endlosen Nachmittage, an denen der Regen auf das Zinkdach trommelte, verbrachten wir in dem feuchten und schimmligen Geruch des Zimmers in der Vorstellung, verlassen zu sein. Später habe ich mich an diesen Gedanken gewöhnt, und heute fühle ich mich wohl in dieser Geisterstadt, wo die Zeit stehengeblieben ist. Wie jene, die in langsamem Zug die Promenade entlangdefilieren, akzeptiere ich, dass eine Feder in mir gesprungen ist. Ich bin von den Gesetzen der Schwerkraft befreit.» Eher selten lässt sich der Autor, wie an dieser Stelle, dazu herbei, abzuheben, den Kontext zu unterbrechen, um Raum für allgemeinere Reflexionen zu schaffen. Zwar zerstört er nicht die Rollenprosa und legt die Überlegungen zur Zeit einem Ich-Erzähler in den Mund, der in «Dimanches d'Août», was die äusserlichen Umstände betrifft, weit ab von der Autobiographie steht. Im Labyrinth gerinnt die Zeit, wird gleich-artig, gleich-gültig. Der Erzähler «gewöhnt» sich irgendeinmal «später» an das Gefühl der Verlassenheit, das er einst erlebt hat und das in seiner Vorstellung mit einem Zeitstillstand zusammenfällt. Noch später, «heute», fühlt er sich wohl in diesem Zustand ewigen Stillstands, ewiger Verlassenheit. Von der Schwerkraft wie durch Zauberhand befreit, glaubt er zu schweben.

Es ist noch dieses eine, das Schweben, das zur Charakterisierung des Modiano-Labyrinths und zum immergleichen Buch gehört. Was entwickelt wurde weiter oben, Irrgänge seltsamer Existenzen, denen eine dunkle Vergangenheit und Vorvergangenheit auflauert, Zwielichtigkeit von Figuren, die sich allen Nachforschungen zu entziehen trachten und tatsächlich allen Grund dazu haben (könnten), die Behandlung einer Wunde, die sich nicht schliessen will, die Empfindung eines Mangels und eines Verlusts, die sich durch nichts beschwichtigen lässt, stimmt nur unter dem Vorbehalt jenes – schwer in anderen Sprachen zu vermittelnden – Schwebestils, den der Autor beherrscht. Die «gesprungene Feder», aufgehobene Schwerkraft verwandelt das Labyrinth eines Besessenen, das Labyrinth der Qualen und der Gequälten in elegante Literatur, in der sich schliesslich stilistisch aufs kunstvollste auflöst, was bedrängt und bedrückt.

Wasserlauf, Wasserfarbe und das Meer – ein Ausflug

Paris im Sommer, wenn die Sonne den Asphalt kocht, verwandelt sich in eine Steinwüste. Die Luft wird täglich giftiger, ein durchsichtiger Deckel über den Stadttopf geklappt.

Wir schwitzen, schmoren, uns plagen gereizte Schleimhäute. All die Palastfassaden, Strassenschluchten, kleinräumigen Quartiere sind zu Speichern geworden, halten die Sonnenwärme zusammen, geben sie ab, Tag und Nacht. Kein Wind und viel zu wenig Wasser. Ich bin ein Schwimmer; hätt ich ein zweites Leben, möcht ich's ganz im Wasser verbringen, als Sardine oder Forelle oder als Haifisch.

Zu gewissen Stunden ziehen die grünen Putzbrigaden die zylinderförmigen Stoffpropfen von den Senklöchern weg. Wasser gurgelt und strömt aus der Kanalisation, läuft als schneller Bach den Gehsteigen entlang, trägt Unrat weg. Im Pariser Glutofen wird mir das Rinnsal zur Fata Morgana: tausendfach plätschert es durch die Stadt. Ein geheimes Wasseradernwerk, eine Wasserstadt unter der steinernen und die obere schwimmt auf der unteren und dort, wo Parks verstauben, Grünanlagen verdorren, werden sich bald kleine Seen bilden. Ich hätte Lust, Papierschiffchen schwimmen zu lassen. Über die Bäche kämen sie in die Seine, dann ins Meer.

Dem Ruf des Wassers Folge leistend, dem Lauf des Wassers nachsinnierend, suche ich eine (meine) Wasser-Kultstätte auf. Einen künstlich gekühlten und künstlich verdunkelten Ort, den einer mit Wasser förmlich zugepinselt hat. Monet gehört für mich neben Turner zu den grossen Wasserillusionisten. Ist man durstig, fühlt man sich sehr auf dem Trockenen im wasserarmen Paris, wirkt der Gang in die Orangerie der Tuilerien Wunder. Dort, in den beiden ovalen Sälen, kann man eintauchen in Teiche und breite Farbbänder, in Wasser-Farben, mit Öl gemalt, in von Leinwand festgehaltenen Fluten. Die «Nymphéas» lassen sich als Enzyklopädie des Wassers anschauen und lesen. Das Teichwasser definiert sich ständig – und ständig aufs neue – aufgrund des Nicht-Wassers, der Bäume und Blumen, der schwimmenden Seerosen, der schlingenden Lianen, Blätter, Blüten, Brückenbögen und -geländer, Bootumrisse. Es färbt sich mit den Farben der Pflanzen, des Himmels, es reflektiert, bildet ab, es schimmert. Ganz langsam schreite ich die beiden Ovale ab, nochmals und nochmals. «Struktur» des Wassers meine ich zu erkennen; verschiedene Grade von Transparenz, Wasser als neutraler Leiter, der Ideen und Impulse widerstandslos weitergibt; Wasser als nobody (kein Körper), als Wesen ohne Eigenschaften, das alle Eigenschaften annehmen kann; Wasser als kokette, frivole, charmante Spielerin, die sich in mutwilligen Tändeleien mit Formen und Dingen ergeht, nie genug bekommen kann, viel verspricht und wenig hält und unversehens wenig verspricht und alles hält; Wasser als Zehrer und Zerrer, eilig, nervös, fortstrebend, nichts haltend, alles verlassend. Das Feuchte. Das Flüssige. Das Erotische.

Nach einer konzentrierten Stunde beginnen die anderen «Orangerie»-Besucher im Raum zu verschwimmen, Monets Farborgien auch. Die Enzyklopädie hat das Element Wasser aufs Elementare reduziert. Jetzt kann ich es förmlich riechen – und ziehe mich, halb beschämt, halb erschreckt, auf die Place de la Concorde zurück, zum Kontrastprogramm. Zusammen mit hunderten von Touristen, vom Verkehr umtost, schaue ich mir die Zeichen auf dem Obelisken von Luxor an. Der Phallus von Paris in stahlharter Währung, Dauererektion.

Als Flussstadt habe ich das sommerliche Paris in keiner guten Erinnerung. Trübe fliesst die Seine unter den Brücken durch, dreckige Schaumwirbel bilden sich um die Pfeiler des Pont Neuf, des Pont des Arts; so ätzend soll sie sein, dass sich einem nach einer halben Stunde Schwimmen wahrscheinlich die Haut ablösen würde. An ihren Ufern und Quais, unterm Louvre und auf der Ile St. Louis räkeln sich im Juli haufenweise Menschen in Badehosen – aber niemand streckt auch nur einen Fuss ins Wasser. Welcher Frust, welche Perversion!

Wasserlauf, Wasserspur. Mehr als einmal hab ich mich den Fluss hinabgeträumt, hab ihn befahren als «Bateau ivre», hab mich Kilometer für Kilometer in seinen Mäandern geaalt, unter den Brücken zuerst, durch Grossartigkeiten taumelnd, an ägyptischen Gräbern, assyrischen Löwen, königlichen Gärten vorbeigleitend, die Guillotine auf dem Platz der Eintracht (die Revolution) mit Schaudern und Triumphgefühl erinnernd, zwischen Grand-Palais und Kriegspalast sorgfältig die Mitte haltend, vorbeiziehend am Eiffelturm, dem sich von unten so schön, so tief in die offen gelegten rostigen Innereien schauen lässt, in rasantem Bogen unter dem Pont Mirabeau hindurch, da fliesst es rhythmisch, da fliesst es im Vers-Takt, Apollinaire trägt einen Stirnverband, damit's ihm ob der Gedankenfülle nicht den grossen Kopf sprengt und jetzt hinaus ins Grün der Ile de France und auf verschlungenen Wasserumwegen Richtung Normandie.

«Meine grosse, meine einzige, meine alles verzehrende Leidenschaft während zehn Jahren, war die Seine. Ah! Der schöne, ruhige, abwechslungsreiche und stinkende Fluss...» Der Normanne Guy de Maupassant war ein Mann des Wassers. Ruhig, träge kann seine Seine durch die Novellen ziehen, bei Rouen oder vor der Mündung, bei Le Havre. «Vor meinen Fenstern sehe ich die Seine, die längs meines Gartens fliesst, hinter der Strasse, beinahe bei mir, die grosse, breite Seine, die von Rouen nach Le Havre strömt, bedeckt mit den vorüberfahrenden Schiffen.» Ein Wasserbild des Friedens, reine Harmonie suggerierend – und so trügerisch. Beschrieben wird nicht Maupassants Haus, sondern dasjenige des Freundes Flaubert, das erlaubt die Sicht und das ermöglicht das Bild. Was folgt, ist Finsternis, ist schmerzhafter, sich in Verzweiflung und schliesslich Zerstörung steigernder Wahn: «Der Horla». Maupassant versteht wie wenige in zwei, drei knappen Sätzen, mit ein paar Metaphern, nervig skizzierten Sprachzeichnungen dem Wasser Seele abzugewinnen, die Seele sich im Wasser spiegeln lassen. Das Spiel rasch wechselnder Stimmungen, Launen, die Skala der Temperamente im Nu durchmessen, von unten nach oben, von oben nach unten, Liebe als Materie und Materialismus, aufschäumend, abfliessend, hochschaukelnd, abstürzend, anstürmend, verflossen, vergangen, ein perpetuum mobile, ein Motor ohne Gefühl, gierig, brutal – der Fluss macht's ihm vor. Wasser (auch das Meer, endloser Regen und die normannische Küste) ist der Stoff, aus dem so viele der Novellen entstehen.

Ein, zwei Stunden ausserhalb von Paris an der Seine, auf der Seine hat Maupassant mit Freunden seine Mussestunden verbracht. Ein athletischer, attraktiver Pfundskerl, gesegnet mit einem Riesenappetit auf Essen und Trinken, Frauen und nochmals Frauen. Als «Canotier», kräftig rudernd, in plumpem Boot auf den Wellen der Seine reitend, probierte er aus, was dann in die Geschichten floss. Und war dem Tode schon recht nahe. Ahnte es in trüben Nächten, von unerträglichen Migränen heimgesucht, musste schliesslich jenen fürchterlichen «Horla» erfinden, der ihn bald umgarnen, umnachten, vom Leben trennen würde.

Wasserlauf, Wasserspur, Wechselbäder. Da schäumt und wirbelt der Fluss, da färbt er sich bedrohlich schwarz, da verheisst er Lust oder tötet. Sprunghaft Stoffe, Menschen, Erinnerungen vor sich herschiebend, wegdrängend, aufs neue mitreissend, lässt er jetzt Maupassants «Canotier»-Freuden hinter sich, drückt sich verlegen an der Stadt mit dem falschen Namen vorbei, «Mantes-La-Jolie», in Wirklichkeit Mantes-die-Hässliche, Mantes-die-Kaputte, Nicht-mehr-zu-Sanierende, Mantes-die-Ghetto-Stadt, in der der Bürgermeister Mietskasernentürme sprengen lässt, weil er sich endlich von ihrer Unwohnlichkeit überzeugt hat – und führt mich zurück zu Claude Monet, in die Gärten von Giverny.

Ich hab sie mehrmals besucht, diese Gärten, Haus und Atelier, hab den Teich umrundet – und das war nötig. Nötig, um mit diesem Zwiespalt fertig zu werden, der mir aus der Betrachtung der «Nymphéas» einerseits, dem Begehen von Garten und Haus in Giverny andererseits erstanden ist. Dabei spielt die Tatsache, dass Giverny zum Mekka eines populären

Kunsttourismus und also zum überforderten Museum geworden ist, die kleinste Rolle: damit lässt sich leben, wenn man halt den «lasst-mich-in-Ruh»-Blick aufsetzt, sich unbeirrt durchs Gewimmel pflügt und windet, blind für alles, was man nicht sehen will, um sehend zu bleiben. Irritiert hat mich das, was ich die Macht der Kunst nennen würde, eine Suggestion, eine imperiale Inbesitznahme des Betrachters durch den Künstler. Denn was der Patriarch mit dem Rauschebart, Malgottvater Monet, in Giverny ausdachte, hat mit den acht Visionen in der Pariser Orangerie nichts zu tun. Wie arm wirkt für einmal die beschnittene Natur angesichts der abgebildeten! Dass sie abgebildet seien, die «Nymphéas», darauf bestand Monet selber, der ein Realist sein wollte, weil er aus seinem Verständnis und aus seiner ganzen Lebenshaltung heraus nichts anderes sein konnte, ungeachtet der Tatsache, dass eben zur Zeit der Entstehung der Teichbilder in Europa die Abstraktion erfunden wurde – deren Pioniere sich im übrigen auf ihn beriefen.

Hier die realistischen, so kläglich begrenzten, so überaus beschränkten Planungen und Handlungen eines schönheitsdurstigen Sinnes. Teich, Boot und kleine Brücken, Wasserpflanzen und exotische Bäume, ein löchriges Paradies, in zwanzig Minuten nach allen Seiten hin durchmessen. Kein Ausblick, keine Weite. Unter dem Blick des Malers verwandelt sich dieser kleine, krude Naturrealismus in den allerkühnsten Irrealismus: in Bilder ohne Zeichnung, ohne Sujet, ohne Umrisse, in denen man sieht, was man nicht sehen kann, die Substanz des Wassers; die Substanz der Luft; die Substanz verschiedener Strahlungen und Beleuchtungen. Zauberwerk. Die Endlichkeit von Giverny wird in der Pariser Orangerie zur Unendlichkeit. Der Malerblick muss im begrenzten Tümpel unermessliche Weiten, unergründliche Tiefen gefunden haben. Und die ausführende, die «endliche» Hand konnte solche Unendlichkeit nur in Portionen, in Serien und Wiederholungen veranschaulichen.

Die Illusion, steht man vor den «Nymphéas», ist vollkommen: die lyrische, die manische Wiederholung verschiedener Formen macht, dass das Unsichtbare sichtbar, die Wasservorstellung über Wasserölfarbe zu Wasserrealität wird. Und diese Realität ist realistischer als die wirkliche in Giverny. Vor den Bildern in der Orangerie rieche ich etwas, was mich in Giverny gleichgültig lässt.

Gleichgültigkeit und Unendlichkeit und Wasser. Giverny liegt halbwegs zwischen Paris und der Küste der Normandie. Flauberts Roman mit der von Monet zum Mythos erhöhten Kathedrale lassen wir liegen und vergessen Maupassants bösen Geist, den «Horla», der wahrscheinlich auf einem brasilianischen Dreimaster die Seine befahren hat und so, wie der karpatische Vampir, übers Wasser zu uns gelangt ist.

Das wahrhaft unendliche Wasser, das Wasser aller Wasser wird in Etretat besichtigt.

Das Meer, «flüssige Ebene». Im Süden des Landes lebt ein holländischer Maler, der ist viele Jahre seines Lebens nahezu Tag für Tag mit einem Lieferwagen ans Meer gefahren, hat die Staffelei aufgestellt und immer das gleiche Bild gemalt. Die Fusion von Meer und Himmel. Durch die Mitte der Leinwand lief die Trennlinie, die meistens keine Linie im Wortsinn war, sondern eine hauchfeine Abgrenzung zwischen zwei Farbfeldern, und oft verband sie mindestens so sehr als sie abgrenzte, dermassen wohl immer noch dem Himmel hier und dem Meer dort ihre Räume, ihre Rechte zuweisend, aber gleichzeitig dem Betrachter nahelegend, dass unterschiedslos, dass eins sein kann, was elementarisch geschieden ist. Das immer gleiche Bild, das der Holländer wohl tausendfach gemalt hat, ist natürlich immer ein anderes Bild, wie das immer gleiche Meer ein immer anderes Meer ist. «Das Meer, das Meer, immer neu angefangen ...» (Gedichtzeile, ungeortet).

«Warum ist das Meeresspektakel so unendlich angenehm? Weil das Meer gleichzeitig die Idee des Unermesslichen und der Bewegung darbietet ... zwölf bis vierzehn Meilen Flüssigkeit genügen, um dem Menschen die höchste Idee von Schönheit zu geben ...» (Baudelaire) «Es trägt nicht wie die Erde die Spuren menschlicher Arbeit, menschlichen Daseins. Nichts hat seine Stätte hier, bleibend ist nur das Flüchtige, und wenn Barken das Meer durchqueren, wie schnell ist die Schaumspur verschwunden.» (Proust)

Das Meer als Mass aller Dinge, Spiegel der Seele, der finstern wie der euphorischen Stimmungen, brüllend, tobend, schlagend, schäumend, plätschernd, rollend, brausend, vierundzwanzig Stunden am Tag ruhelos, nach Lust und Laune Dinge und Körper tragend oder verschlingend, die Sonne ausspuckend, die Sonne einsaugend.

Ich kenne keine privilegierteren Orte der Meeresbetrachtung als die weissen Felsen von Etretat. Man mag sich ihnen nähern, wie es die Figuren in den normannischen Novellen Maupassants tun, der aus der weiteren Umgebung Etretats stammt und hier ein paar Jahre lang gelebt hat. Maupassant folgt den Menschen mit dem unbestechlichen, kalten Blick des desillusionierten Psychologen, lässt auf wenigen Zeilen stundenlangen normannischen Regen auf sie herabfallen, bis sie zittern und den Stoff auf dem Leib nicht mehr spüren. Und dann beschreibt er das Land der Normandie, Wiesen und Äcker, dem Meer abgewandt, als ob es das Meer nicht gäbe. Aber wenn es gilt, Handlungen zu schürzen, Leidenschaften zu entfachen oder umgekehrt abzutöten, beschwört er Küste und Meer, nimmt er Zuflucht zur Wassermetaphorik. Auf dem Meer zwischen Yport und Etretat beginnt für Jeanne aus «Une Vie» jene unselige Liebesgeschichte, der sie später ihr Unglück verdanken wird. «Strandgut»: halb mitleidig, halb grimmig und zynisch treibt der Dichter Figuren vor sich her, lässt sie aus Paris und England nach Etretat kommen, setzt sie am Quai Wind und Regen aus. «Strandgut». Verloren, unzeitgemäss. «An allen Ecken der Welt treiben sie an den Strand, schleppen sich durch all die Orte, wo die Welt hindurchgegangen ist.»

Etretat, in der Vor- und Nachsaison, im Winter, bei Regen und Sturm *ist* das Ende der Welt. Man kommt über Land angefahren, schlängelt sich durch ein Tal und prallt förmlich bei den ersten Häusern auf das Dorf, von Meer keine Spur. Das sieht man erst, wenn man mit der Nase dran ist, wenn man es schon fast berühren kann. Die normannische Küste hier oben besteht aus bis zu achtzig Meter hohen Felswänden, denen gelegentlich schmale Kieselstrände vorgelagert sind. Unterbrochen wird die Küstenlinie durch Hafenanlagen, kleine Promenaden, Dämme, die, von oben betrachtet, ungeheuer fragil, wie angenäht wirken und von denen man sich fragt, wie sie dem ewig andrängenden Wasser standzuhalten vermögen (sie sind ihm aber gewachsen, jahraus jahrein, auch bei schweren Fluten). Grün wächst die Normandie hoch oben übers Meer hinaus – und stürzt dann ab. Kaum je ein weicherer Übergang, keine Vermittlung, keine Versöhnung. Es ist, als ob sich Land und Meer stets feindlich gegenüberstünden, jedes Element auf seine Domäne fixiert. Die Fischer, jene Fischer, deren Boote Monet in Etretat gemalt hat und vor ihm Courbet (und beide liebten das Drama, nahmen sich das aus dem Sturm errettete, vom Wasser gewaschene, vom Wind gebeutelte Etretat vor) haben das abweisende Meer nur mit Mühe überlisten und erobern können, mussten alle Geschicklichkeit aufbieten, um mit ihren spitzschnäbligen Schiffen die erste, die mächtige Brandungswelle zu überwinden.

Die Geschichte der Meeresbetrachtung und Meereseroberung ist auch eine Geschichte der Küste. Am Rand der zivilisierten Welt, wie man früher dachte, liess sich schaudernd ins Wilde und Unwirtliche blicken. Aber diese Blicke, diese Blicke über zwölf Meilen Flüssigkeit, die am Halbrand der Horizontlinie abprallten, ein Ende, einen Tellerrand auszumachen glaubten, bevor sie wissend wurden, bevor die Augen «sehen» konnten, was sie nicht wirklich sehen konnten, diese Blicke begannen sich eines Tages mit Sehnsucht zu füllen. Das Unmögliche wollte gewagt, das Unendliche endlich gemacht werden.

Aus dem kleinen, trüben Fenster eines mittelalterlichen Hauses schaue ich hinaus: ein Stückchen Wasser, ein Stückchen Himmel füllen den Blick. Das sanfte Wiegen der Brandung, mehr geahnt als wahrgenommen, und eine Palette von Grautönen im fahlen Nachmittagslicht. Aus dem angeschauten Raum wird erlebte Zeit. Im verbrannten, schwarzen Holz des Fensterstocks verbirgt sich das Mittelalter, uralt das Meer, das unendliche Zeiten vor dem Mittelalter dagewesen ist – und neben mir das grauenhafte Blumenmuster einer Tapete, brandneu, in der Feuchtigkeit des Zimmers bereits sich aufwerfend, Blasen bildend, da und dort sich ablösend. Neuzeit ohne Chancen.

Oben auf den Klippen kann man stundenlang der Küstenlinie folgen. Von der Meeresbetrachtung, ohne Anfang noch Ende, wird niemand satt. Sie weckt nur immer den Hunger, den sie zu stillen vorgibt. Die weissen Felsbrüche wie Kandelaber, Orgelpfeifen, Tore, Portale, Kathedralfassaden, Elefantenrüssel, Vogelschnäbel, Pilze. Die «flüssige Ebene» kräuselt eine Brise, sie bekommt Hühnerhaut, verfärbt sich bahnenweise, verwandelt milchiges Grün und Türkisblau in Schwarz. Ein Meer wie mit einem Film überzogen, wie eingeschnürt, wie leicht geschaukelt von unten, und jetzt nimmt der Wind an Stärke zu, beginnt die Haut da und dort zu zerreissen, weisse Wellenkämme wie Messerschneiden ragen auf, rollen ab, das Milchgrün wird schmutziggraublau, die sich verformenden Sonnenkringel verschwinden, der Grund ist nicht mehr sichtbar, wie ausgelöscht. Weit unten hört man die Kiesel rollen, rauschen, und wäre man im Wasser, würden sie grollen, und man müsste ein Fisch sein oder ein Taucher, um tief unter dem Spiegel die unbewegte Totenstille zu finden, jene unheimliche, schwarze Meeresangst, aus der die Meereslust entsteht. Wütend spritzt die Gischt an den Felstürmen hoch, als wollte sie das

Geschäft des Aushöhlens und Niederreissens in Sekundenschnelle erledigen, und frisch wie Rahm legt sie sich über den Kieselstreifen. Die gierige zweite Welle schleckt weg, was die erste dagelassen hat.

Die Schiffe, auch das stampfende, lange, sehen sehr zerbrechlich aus, wie aus Zündhölzchen zusammengesetzt. Das Meer, grandios in seiner Gleichgültigkeit, kommt mit der Flut, zieht sich ein wenig zurück mit der Ebbe, trägt die Boote und zerschmettert sie mutwillig. Schiffbrüche waren an dieser Steilküste in früheren Jahrhunderten an der Tagesordnung, spielten sich oft vor den Augen zusammengelaufener Küstenbewohner ab, Reality-Show ohne Bildschirm. Das grauenvolle Meer, mordend, verschlingend, den unfreiwilligen Zeugen mit Sturm und Sturzfluten verbietend, den Kenternden beizustehen.

Die harte, die spöttische Melodie des Meeres übernehmen hoch oben, wo ich stehe, krumm- und gelbschnäblige Möwen. Wie Kindergeschrei, wie blanker Hohn tönt ihr Kreischen und manchmal wie ein Jauchzen. Der gleiche Wind, der mich schüttelt, vom Klippenrand vertreibt, am Vorwärtsgehen hindert, trägt sie federleicht, lässt sie kreisen, tanzen, pfeilschnell stürzen. Was mich flackrig, böig von allen Seiten packt, verhilft ihnen als Auf- und Abwind zu genauen Flugbahnen – wie weisse, zitternde Blüten lassen sie sich auf den Wellenkämmen nieder.

Hinter dem grossen Fenster eines dicht hinter der Uferpromenade liegenden Hotels habe ich einen Abend und eine halbe Nacht lang einen Sturm erlebt. Von der Seite prasselte Regen ans Fenster, an die Quaimauer schlugen Wellen, die das dünne Kieselstrandband überwunden hatten und nur noch durch die Mauer von uns Ortsbewohnern und Reisenden getrennt waren. Dicke Bretter und Verstrebungen hatte man in die paar schmalen Kanäle zwischen Meer und Dorf eingelassen. Unter ihnen drückte Wasser durch. Wütend brandeten die Wellen gegen die Quaimauer, Mal für Mal, und jede zehnte oder fünfzehnte hob den Kopf über die steinerne Abschrankung, spritzte ein bisschen Gischt vors Hotel, höhnisch, drohend, als ob sie ein Spiel mit uns treiben wollte, ein Spiel ohne Grenzen und Regeln. Durchs geschlossene Fenster war das Brüllen des aufgebrachten und wahrhaft entfesselten Meeres zu hören. Wasser als Gewalt, Wassergewalt von allen Seiten. Mauern und Abschrankungen hielten stand. Noch in der Nacht, nach Abklingen des Sturms, bildeten sich überall am Quai Gruppen von Menschen mit Ölzeug, mit eilig übergeworfenen Pelerinen, mit Schlapphüten, die sich über den Sturm unterhielten. Schon wich die Meeresfurcht, schon verwandelte sich das Grausen in wollüstigen Schauer – und mit der Betrachtung des nächtlichen, noch unruhigen aber nicht mehr gefährlichen Wasserspiegels, des Himmels und der Wolken, der Horizontlinie setzte aufs neue, setzte mit Macht Meereseuphorie ein.